AF389899

CONFERENCE DES ORDONNANCES,

EDITS ET DECLARATIONS,

Concernans la Recherche des Vſurpateurs
du Tiltre de Nobleſſe.

AVEC LES DECLARATIONS DV ROY,
des 8. Février 1661. & 22. Juin 1664.

ET
VN RECVEIL

DE PLVSIEVRS ARRESTS DV CONSEIL,
donnez en execution & interpretation deſdits
Edits & Declarations; Seruans de Reglemens
pour les Pourſuittes de ladite Recherche,

A PARIS,

Chez THOMAS CHARPENTIER, à l'entrée
du quay de Gévre, pres le Pont au Change,
à l'enſeigne du Paradis.

M. DC. LXVIII.

TABLE
DES TILTRES
DE LA
CONFERENCE
DESDITS
EDITS ET DECLARATIONS DV ROY.

TABLE DES ARRESTS,

POVR
LA RECHERCHE DES VSVRPATEVRS
DV TILTRE DE NOBLESSE;

Contenus en ce Recueil.

CONFERENCE
DE PLVSIEVRS ORDONNANCES,
EDITS, DECLARATIONS ET REGLEMENS;

Pour ce qui concerne la Recherche des Vsurpateurs
du Tiltre de Cheualier ou d'Escuyer; Ensemble
de l'Arrest du 22. Mars 1666.

IL est deffendu à tous Roturiers, de prendre la qualité
de Cheualier ou d'Escuyer, à peine d'amende.

ORDONNANCE D'ORLEANS, *Article* 110.

ET où aucuns vsurperont faussement & contre verité,
le nom & tiltre de Noblesse, prendront ou porteront
Armoiries timbrées, ils seront par nos Iuges multez d'a-
mendes arbitraires, & au payement d'icelles contraints
par toutes voyes.

ORDONNANCE DE BLOIS, *Art.* 257.

ET à cette fin, Voulons estre gardée l'Ordonnance
faite sur la Remontrance des Estats tenus à Orleans,
contre ceux qui vsurpent faussement & contre verité, le
nom & tiltre de Noblesse, prendront le nom d'Escuyer,
& porteront Armoiries timbrées, lesquels nous entendons
estre multez d'amende arbitraire par nos Iuges, à la diligence & poursuitte de nos Procureurs, chacun en son
Siege.

A

EDIT de 1583. *Art. 1.*

QV'A V C V N s de noſdits Subjets, ſinon ceux qui ſont de Maiſon & Race Noble; ceux auſſi, ou leurs Anceſtres, qui ont obtenu de Nous, ou de nos predeceſſeurs, Lettres d'Annobliſſement, n'vſurpent d'oreſnauant le Tiltre de Nobleſſe, ny prendront le nom d'Eſcuyer, ou porteront Armoiries timbrées : Ce que nous leur defendons tres-expreſſément, ſur les peines indictes par nos Ordonnances des Eſtats de Blois, article 257.

EDIT de 1600. *Art. 25.*

L A licence & corruption du temps a eſté cauſe que pluſieurs, ſous pretexte de ce qu'ils ont porté les Armes durant les troubles, ont vſurpé le nom de Gentil-homme, pour s'exempter indeuëment de la contribution aux Tailles; Pour à quoy remedier, defendons à toutes perſonnes de prendre le titre d'Eſcuyer, & de s'inſerer au Corps de la Nobleſſe, s'ils ne ſont iſſus d'vn Ayeul & Pere qui ayent fait profeſſion des Armes, ou ſeruy au public en quelques Charges honorables, de celles qui par les Loix & mœurs du Royaume, peuuent donner commencement de Nobleſſe à la poſterité, ſans auoir jamais fait aucun acte vil, & dérogeant à ladite qualité, & qu'eux auſſi ſe rendans imitateurs de leur vertu, les ayent ſuiuis en cette loüable façon de viure, à peine d'eſtre dégradez, auec deshonneur, du titre qu'ils auront ozé indeuëment vſurper.

EDIT de 1634. *Art. 2.*

D EFENDONS à tous nos Subjets d'vſurper le Titre de Nobleſſe, prendre la qualité d'Eſcuyer, & de porter Armoiries timbrées, à peine de Deux mil liures d'amende, s'ils ne sont de Maison & extraction Noble. Enjoignons à nos Procureurs Generaux & leurs Substituts, de faire les poursuites necessaires contre les Vsurpateurs desdits Titres & Qualitez.

DECLARATION de 1655.

NOus defendons à toutes personnes de quelque qualité qu'elles soient, s'ils ne sont Nobles, de prendre la qualité d'Escuyer par escrit, ny faire mettre Escussons & Armoiries timbrées à leurs Armes, à peine de Mil liures d'amende, applicable moitié à nostre profit, & l'autre moitié au dénonciateur.

DECLARATION de 1656.

QVE tous ceux qui depuis l'année 1606. se trouueront sans estre Nobles & sans titre valable, auoir indeuëment pris la qualité de Cheualier ou d'Escuyer, auec Armes timbrées, & vsurpé le Titre de Noblesse, ou exemption de Tailles, soit de leur authorité, force & violence, tant en vertu des Sentences & Iugemens donnez par les Commissaires deputez pour le regalement des Tailles ou des Francsfiefs, que des Sentences des Esleus & autres Iuges, qui se trouueront auoir esté données par collusion & sous faux donné à entendre, soient imposez aux Rolles des Tailles des Paroisses où ils sont demeurans, eu égard aux biens & facultez qu'ils possedent, nonobstant lesdites Sentences & Iugemens. Et pour l'induë vsurpation par eux faite, qu'ils seront tenus nous payer, conformément au Reglement des Tailles de 1634. la somme de Deux mil liures, & les deux sols pour liure, sur les Rolles qui seront arrestez en nostre Conseil.

A ij

DECLARATION de 1661.

Ladite Declaration porte les mefmes termes que la precedente de 1656. Voy cy-aprés, page 2

DECLARATION de 1664.

ET que ceux qui ne produiront des Titres & Contracts que depuis & au deffous l'année 1560. foient declarez Roturiers, contribuables aux Tailles & autres Impofitions, & condamnez en Deux mil liures d'amende, & aux deux fols pour liure.

Outre l'Amende, les Vfurpateurs doiuent eftre condamnés à vne Indemnité enuers le Roy.

EDIT de 1583. Art. 17.

ET parce qu'au moyen de la fraudüleufe exemption defdits pretendus Nobles , & autres qui fe font induëment exemptez defdites Tailles, nos autres Subjets ont efté tellement furchargez & trauaillez en la contribution d'icelles , & autres deniers , que mefmes nous auons efté bien fouuent contraints leur en faire rabais & moderation, à la grande diminution de nos Finances ; Pour raifon defquels rabais, Nous auons jufte occafion de repeter fur iceux pretendus Nobles, & induëment exempts , tous lefdits deniers ainfi par eux injuftement detenus , & aufquels ils euffent pû eftre cottifez , fi l'égalité y euft efté obferuée : Nous auons ordonné & ordonnons, qu'il fera leué fur eux, & nous payeront feulement pour toute icelle Finance par eux induëment retenüe, les fommes aufquelles ils euffent pû eftre refpectiuement cottifez, pour raifon d'icelles Tailles, Taillon, Crües, & autres deniers extraordinaires, duránt deux années feulement, fi tant de temps ils ont efté exempts, finon pour le temps de leurdite exemption, fuivant la taxe & liquidation qui en fera faite pour chacune Paroiffe, par les Commiffaires que nous deputerons en chacune Prouince de noftredit Royaume, pour l'execution de cette noftre prefente Declaration & Reglement; Lefquels Commiffaires en drefferont & expedieront à cette fin les Rolles & contraintes neceffaires, au Receueur que nous commettrons pour faire la recepte defdits deniers.

DECLARÀTION de 1661.

ET pour l'induë vfurpation par eux faite, qu'ils foient tenus nous payer, conformément au Reglement des Tailles de l'année 1634. la fomme de Deux mil liures, & les deux fols pour liure; Et en outre, qu'ils foient condamnez en telle amende qui fera arbitrée par noftredite Cour, pour l'induë exemption du paffé de la contribution des Tailles; au payement defquelles fommes & condemnations, ils feront contraints comme pour nos propres deniers & affaires.

Reuocations des Lettres d'Annobliffement.

EDIT de 1598.

VOULONS & nous plaift, Que fans auoir égard aufdits Annobliffemens accordez depuis vingt ans en çà, vfurpation de Priuileges de Nobleffe, Exemptions obtenües par lefdits Officiers de Iudicature & de Finance, & mefme par ceux des Elections de noftre Royaume, moyennant quelques fommes de deniers par eux baillées, generalement & indifferemment, tous ceux qui font nez & fe

trouueront de condition roturiere, feront mis & impofez
à la Taille, & cottifez à proportion de leurs moyens &
facultez; Reuoquant à cette fin tous Priuileges & Lettres
à ce contraires.

EDIT de 1634. Art. 1.

QVE nonobftant tous les Annobliffemens accordez
depuis vingt ans en çà (moyennant finance ou autrement) & les vfurpations des Priuileges de Nobleffe,
tous ceux qui font nez, & fe trouueront de condition roturiere, feront mis & impofez à la Taille, felon leurs moyens
& facultez.

EDIT de 1640.

DISONS, ftatuons & ordonnons, en confideration des
grandes charges que noftre Peuple a fouffert & fouffre,
& pour le foulagement d'iceluy, que nonobftant tous les
Annobliffemens accordez depuis trente ans, moyennant
finance ou autrement, & tous Priuileges de Nobleffe, &
autres exemptions, foit par Edits, Declarations, ou autrement, en quelque forte & maniere que ce foit, lefquels
nous auons reuoquez, efteints & fupprimez, reuoquons
& fupprimons.

EDIT de 1664.

NOVS AVONS par ce prefent Edit figné de noftre
Main, perpetuel & irreuocable, en tant que befoin
feroit, de nouueau reuoqué & reuoquons les Lettres de
Nobleffe accordées par le feu Roy noftredit Seigneur &
Pere, & Nous, depuis le premier iour de Ianuier 1634.
jufques à prefent; Nous referuant toutesfois de confirmer
ceux qui pour feruices fignalez dans nos Armées, & autres

Emplois importans, ont obtenu ledit Tiltre de Nobleſſe ; en faiſant par eux regiſtrer leurs Lettres en nos Chambre des Comptes & Cour des Aydes.

Voy les Arreſts du Conſeil d'Eſtat du Roy, du 13. Iuillet 1667. cy-apres, portant ladite reuocation, *pages* 41. 43. & 45.

Les Lettres d'Annobliſſement ſont nulles , faute d'enregiſtrement à la Cour des Aydes.

EDIT *de 1634.* Art. 4.

ET pour l'aduenir , Nous ordonnons qu'il ne ſera expedié aucunes Lettres d'Annobliſſement, ſinon pour de grandes & importantes conſiderations; leſquelles ſeront regiſtrées en nos Cours des Aydes, nos Procureurs Gene-raux en icelles ouïs , & les Habitans & Procureurs Syndics de la Paroiſſe où ils feront leur reſidence , appellez & indemniſez.

Les Sentences & Jugemens de maintenuë ne mettent point à couuert de l'amende , s'ils ne ſont confirmez par Arreſts contradictoires.

EDIT *de 1583.* Art. 3.

COMME en ſemblable y ſeront mis , taxez & im-poſez tous ceux leſquels n'eſtans Nobles de Race , vſurpent neantmoins ledit Tiltre, ſous pretexte d'aucunes Sentences & Iugemens par eux , ou leurs predeceſſeurs, ſubrepticement obtenus ; auſquels nous ne voulons que l'on ait aucun eſgard, s'ils n'ont eſté confirmez par Arreſts de nos Cours de Parlemens , ou des Aydes.

EDIT de 1634. Art. 3.

SERONT taxez & impofez aux Tailles, tous ceux lefquels n'eftans Nobles de Race, vfurpent ledit Tiltre, fous pretexte de quelques Sentences & Iugemens par eux ou leurs predeceffeurs obtenus, fi elles ne font confirmées par Arrefts contradictoirement donnez, auec parties valables & intereffées.

DECLARATION de 1655.

NOVS AVONS ordonné & ordonnons, Que tous les Vfurpateurs du Titre de Nobleffe, & de l'exemption des Tailles, mefmes ceux qui auront obtenu des Sentences ou Arrefts de maintenüe par collufion, intelligence & fous faux donnez à entendre, feront impofez aux Rolles d'icelles, eu égard aux biens & facultez qu'ils poffedent; Et pour l'induë vfurpation par eux faite, feront tenus nous payer vne taxe, ainfi qu'il fera jugé en noftre Confeil, & fur les Rolles qui feront arreftez en iceluy.

ARREST du 22. Mars 1666. Art. 1. & 4.

SA MAIESTE' ESTANT EN SON CONSEIL, A leué & ofté la furfeance de la Recherche des Vfurpateurs du Tiltre de Nobleffe, portée par ledit Arreft du premier Iuin dernier ; Et en confequence, Ordonne fa Majefté, que par les Sieurs Commiffaires par elle départis en fes Prouinces, il fera procedé à la continüation de ladite Recherche, auquel effet ils feront affigner és Villes de leur refidence ordinaire, ou en chacune Eflection, les veritables Gentils-hommes, & les pretendus Vfurpateurs, pour reprefenter leurs Tiltres, mefmes les Arrefts rendus tant au
Confeil,

Conseil, Requeſtes de l'Hoſtel, Cours des Aydes, qu'autres
Iuriſdictions, & les pieces ſur leſquelles ils ont eſté rendus
en faueur de quelques Particuliers declarez Nobles, pour
eſtre ſur le tout communiqué à ceux qui ſeront prépoſez
par ſa Majeſté à la pourſuite de ladite Recherche, laquelle
verification de Tiltres ſera promptement & exactement
faite par leſdits Sieurs Commiſſaires.

E t quant aux Arreſts de maintenües obtenus par quelques Particuliers, leſdits Commiſſaires départis, aprés les
auoir communiquez aux Prépoſez à ladite Recherche, enſemble les pieces ſur leſquelles ils ont eſté rendus, il en ſera
pareillement dreſſé des Procez verbaux, en cas de conteſta-
tion, pour eſtre enuoyez au Conſeil auec l'aduis deſdits
Sieurs Commiſſaires, qui contiendront ce qu'ils eſtimeront
deuoir eſtre payé pour l'amende, en cas que les Particuliers ſuccombent, & ſoient declarez Roturiers, pour ſur
le tout ordonner par ledit Conſeil ce que de raiſon.

Baſtards doiuent eſtre legitimez, & Annoblis,
pour jouïr de la Nobleſſe.

EDIT de 1600. Art. 26.

POVR le regard des Baſtards, encore qu'ils ſoient iſſus
de Peres Nobles, ne ſe pourront attribuer le tiltre &
qualité de Gentil-homme, s'ils n'obtiennent nos Lettres
d'Annobliſſement, fondées ſur quelque conſideration de
leurs merites, ou de leurs Peres, verifiées où il appartient.

EDIT de 1634. Art. 5.

LES Baſtards, quoy qu'ils ſoient iſſus de Peres Nobles,
ne ſe pourront attribuer le titre & qualité de Gentils-

B

hommes, s'ils n'obtiennent nos Lettres d'Annobliſſement, auſſi fondées ſur quelques grandes conſiderations de leurs merites, verifiées en nos Cours des Aydes, noſdits Procureurs Generaux ouïs, & les Habitans & Procureur Syndic de la Paroiſſe de leur demeure, appellez & indemniſez; autrement feront leſdits Baſtards, leurs veuves & enfans, impoſez aux Tailles.

Priuilege des Maires & Eſcheuins.

EDIT de 1634. Art. 6.

LES Maires, Conſuls, Eſcheuins & Conſeillers des Villes, ayans Priuileges de Nobleſſe par anciennes Conceſſions, qui feront eſleus à l'aduenir, ne pourront jouïr de l'exemption que pendant le temps de l'exercice de leurs Charges ſeulement, ſans que leurs enfans puiſſent jouïr d'aucuns Priuileges de Nobleſſe : Et quant à ceux qui ont cy-deuant exercé leſdites Charges, & les exercent à preſent, jouïront deſdits Priuileges de Nobleſſe, ne faiſans acte dérogeant.

ARREST du 22. Mars 1666. Art. 12.

PAreillement ceux qui ont pris la qualité d'Eſcuyer, auant que d'entrer dans les charges de Maires & Eſcheuins des Villes qui jouïſſent du priuilege de Nobleſſe, feront auſſi condamnez comme Vſurpateurs, & de meſme ceux qui ont acquis le priuilege, & y ont dérogé en exerçant la charge de Procureur poſtulant, conjointement ou ſeparément d'auec celle d'Aduocat, ou fait trafic ou autre acte dérogeant à Nobleſſe.

Voy les Arreſts du Conſeil, des 6. Decembre 1666. 14. May & 3. Octobre 1667. cy-aprés, *pages* 35. 61. & 67.

DECLARATION
DV ROY,

POVR la Recherche & Condemnation des Vsurpateurs de Nobleſſe, à l'honneur des veritables Gentils-hommes, & au ſoulagement des autres Subjets taillables du Royaume.

Verifiée en la Cour des Aydes, le trentiéme Aouſt 1661.

LOVIS PAR LA GRACE DE DIEV, ROY DE FRANCE & DE NAVARRE; A Tous ceux qui ces preſentes Lettres verront, Salut. APRE'S auoir par l'aſſiſtance Diuine, donné la Paix à nos Subjets, tout-à-fait glorieuſe, Nous ne pouuons auoir aucun objet plus juſte que de faire jouïr les Peuples qui ſont ſoûmis à noſtre obeïſſance, des aduantages & des fruicts de cette Paix; Et pour cét effet, d'empeſcher les deſordres qui ſe ſont commis & ſe commettent par la licence des temps, contre & au prejudice de nos Ordonnances, pour l'obſeruation deſquelles, Nous deſirons apporter tous les moyens poſſibles : Et à cette fin, Nous eſtant fait repreſenter les Reglemens des Tailles des années 1600. 1634. & 1643. & les Arreſts & Declarations que nous auons donnez en conſequence, pour la Recherche des Vſurpateurs de Nobleſſe, qui n'eſtant point Gentils-hommes, prennent

A

neantmoins les qualitez de Cheualier & d'Efcuyer, portent Armes timbrées, & s'exemptent du payement des deniers de nos Tailles, & des autres charges aufquelles les Roturiers font fubjets, à noftre grand prejudice, & des veritables Gentils-hommes d'anciennes & nobles Maifons, & à l'oppreffion de nos Subjets taillables, qui font furchargez de Tailles, à caufe des indeuës exemptions dont jouïffent lefdits Vfurpateurs, qui font pour l'ordinaire les plus riches & les plus puiffans des Parroiffes. Et comme la veritable Nobleffe a intereft d'eftre diftinguée de ceux qui ne jouïffent des Titres & des Priuileges qui n'appartiennent qu'à elle feule, que par vne pure vfurpation, que nous nous fentons obligez de trauailler au foulagement de nos Subjets, & de maintenir l'ordre & la difcipline dans noftre Royaume; Nous auons crû ne le pouuoir faire auec plus de fruict & d'auantage, qu'en reformant les abus & les defordres qui fe font introduits infenfiblement jufques à l'excéz. A CES CAVSES, Sçavoir faisons, Qu'ayant fait mettre cette affaire en déliberation en noftre Confeil, où eftoient la Reyne noftre tres-honorée Dame & Mere, plufieurs Princes, Seigneurs, & autres grands & notables perfonnages, & de noftre certaine fcience, pleine puiffance & authorité Royale : Novs Ordonnons par ces Prefentes fignées de noftre main, Voulons & Nous plaift, Que tous ceux qui fe trouueront fans eftre Nobles & fans Titres valables, auoir indeuëment pris la qualité de Cheualier ou d'Efcuyer, auec Armes timbrées, ou vfurpé le Tiltre de Nobleffe, ou exemption des Tailles, foit de leur authorité, force & violence, tant en vertu de Sentences & Iugemens donnez par les Commiffaires deputez pour le regalement des Tailles ou Francs-fiefs, que des Sen-

tences des Officiers des Ellections, ou autres Iugés, qui
se trouueront auoir esté données par collusion & sous faux
donnez à entendre, soient imposez aux Rolles des Tailles
des Parroisses où ils sont demeurans, eu esgard aux biens
& facultez qu'ils possedent, nonobstant lesdites Sentences
& Iugemens ; & pour l'indeuë vsurpation par eux faite,
qu'ils soient tenus nous payer, conformément au Reglement des Tailles de l'année 1634. la somme de Deux mil
liures, & les deux sols pour liure ; & en outre, qu'ils soient
condamnez en telle somme qui sera arbitrée par nostredite Cour, pour l'indeuë exemption du passé de la contribution des Tailles ; au payement desquelles sommes
& condemnations, ils seront contraints comme pour nos
propres deniers & affaires. VOVLONS que lesdites qualitez par eux prises, soient rayées & biffées de tous Actes &
Contracts où ils se trouueront les auoir prises & vsurpées,
le Timbre apposé à leurs Armes, laceré & rompu, & qu'il
soit fait vn Rolle de tous ceux qui auront esté ainsi condamnez & declarez Vsurpateurs du Titre de Noblesse, ou
desdites qualitez, par nostredite Cour, & iceluy mis és
Greffes des Ellections, pour y auoir recours, & estre lesdits
Vsurpateurs taxez par les Asséeurs & Collecteurs, ou
d'office, & compris és Rolles des Tailles, & autres impositions. ENJOIGNONS aux Officiers desdites Ellections
de ce faire, à peine d'en respondre en leurs propres & priuez
noms ; & aux Receueurs des Tailles, de faire le recouurement desdites Taxes d'office, qui seront faites desdits
Vsurpateurs, à la descharge des Habitans & Collecteurs
des Parroisses, sur les mesmes peines. FAISONS tres-
expresses inhibitions & deffenses à toutes personnes qui ne
sont pas d'extraction Noble ny Gentils-hommes, de

prendre à l'aduenir lefdites qualitez de Cheualier ou d'Efcuyer, & de porter Armes timbrées, à peine de Deux mil
liures d'amende : Et afin de connoiftre lefdits Vfurpateurs,
Voulons que dans l'eftenduë du reffort de noftredite Cour
des Aydes de Paris, tous ceux qui pretendront jouïr du titre
de Nobleffe, & des Priuileges d'icelle, feront tenus de
reprefenter leurs Titres en originaux, aux premiers commandemens qui leur en feront faits à la requefte de noftre
Procureur General en noftredite Cour, pourfuite & diligence de Me Thomas Bouffeau, que nous auons chargé
de l'execution de noftre prefente Declaration, & du recouurement des fommes qui en prouiendront, pour fur lefdites
pieces, eftre par noftredite Cour jugé de la Nobleffe, ou de
l'vfurpation de ceux qui auront efté affignez : Et neantmoins defirans pouruoir à ce que les veritables Gentils-
hommes ne foient point vexez, Nous ordonnons qu'auant
qu'il puiffe eftre donné aucune affignation en execution
des prefentes Lettres, ledit Bouffeau & fa caution feront
tenus de mettre au Greffe de ladite Cour, vn Eftat figné
d'eux, contenant les noms, furnoms, qualitez & demeures
de ceux qu'ils pretendront eftre Vfurpateurs, & faire affigner pour juftifier de leur Nobleffe, ou defdites qualitez :
Et en cas que par l'euenement ledit Bouffeau & fa caution
faffent affigner aucuns defdits veritables Gentils-hommes,
Voulons qu'ils foient folidairement condamnez en tous
leurs defpens, dommages & interefts ; comme le feront
auffi enuers ledit Bouffeau & fa caution, ceux qui fe trouueront auoir vfurpé ladite qualité de Cheualier ou d'Efcuyer,
ou s'eftre exemptez indeuëment comme Nobles, au payement des Tailles & autres impofitions. Et d'autant qu'il
nous feroit impoffible d'apporter fi promptement que nous

le fouhaiterions, le remede aux abus qui fe font introduits dans toutes les Prouinces de noftre Royaume, par lefdites vfurpations trop frequentes des qualitez de Cheualier ou d'Efcuyer , au prejudice de noftre veritable Nobleffe , & par les indeuës exemptions des Tailles que plufieurs particuliers fe font attribuez fous pretexte d'vne veritable Nobleffe, quoy que d'extraction vile & roturiere, à l'opreffion & à la foule du Peuple, fi nous n'apportions quelque retranchement aux formalitez de Iuftice : N o v s voulons & ordonnons, que fur les Requeftes prefentées par noftredit Procureur General en noftredite Cour , pourfuite & diligence dudit Bouffeau, il foit donné Arreft pour faire affigner en noftredite Cour, & ce dans les delais raifonnables, fuiuant les diftances des lieux, les particuliers dénommez efdites Requeftes , pretendus Vfurpateurs de Nobleffe, ou defdites qualitez de Cheualier ou d'Efcuyer, en execution des prefentes Lettres : Si lefdites parties affignées en ladite Cour en confequence dudit Arreft , ne comparoiffent point , fur vne feconde Requefte qui fera prefentée par noftredit Procureur General, pourfuite dudit Bouffeau, il fera donné vn fecond Arreft , portant que lefdites parties feront réaffignées & tenuës de fatisfaire au premier commandement dans vn delay raifonnable & competant , auffi fuiuant la diftance des lieux ; Et au cas qu'elles ne fatisfaffent dans leurs delais portez par lefdits deux Arrefts , aux commandemens qui leur auront efté faits de rapporter les Titres juftificatifs de leur pretenduë Nobleffe, ou defdites qualitez de Cheualier ou d'Efcuyer , fur le Certificat du Commis au Greffe de ladite Cour , qu'il n'aura efté rien produit de leur part audit Greffe, fera fur vne troifiéme Requefte prefentée par noftredit Procureur

General, pourſuite dudit Bouſſeau, donné par ladite Cour Arreſt difinitif, par lequel leſdits particuliers aſſignez feront declarez Roturiers & Vſurpateurs du titre de Nobleſſe, ou deſdites qualitez de Cheualier ou d'Eſcuyer, auec injonction aux Aſſéeurs & Collecteurs des Tailles, & aux Officiers des Eſlections, de les impoſer aux Rolles des Tailles, ou de les taxer d'office; & feront en outre condamnez en Deux mille liures d'amende, & les deux ſols pour liure, deſpens, & autres peines cy-deſſus declarées: Et au cas que leſdits particuliers aſſignez comparoiſſent auſdites aſſignations, & ſouſtiennent eſtre Gentils-hommes, & pretendent juſtifier leurs Nobleſſes ou qualitez, ils feront tenus dans huitaine du iour de la preſentation par eux faite au Greffe de ladite Cour, pour toutes préfixions & delais, d'y mettre leurs faicts de Genealogie & Nobleſſe, & d'y produire ſous vn bref Inuentaire, les Titres & autres pieces dont ils pretendent ſe ſeruir pour eſtablir leurs Nobleſſes, leſquels feront diſtribuez en la maniere accouſtumée, toutes les ſemaines vne fois, aux Conſeillers de ladite Cour: Ladite diſtribution eſtant faite, & chacun deſdits Conſeillers s'eſtant chargé au Greffe des Titres deſdits aſſignez, le Procureur General & ledit Bouſſeau, prendront communication deſdits faicts de Genealogie & Nobleſſe, & des Titres & autres pieces, pour dans trois jours pour tous delais, y fournir telles reſponſes qu'ils aviſeront bon eſtre, & mettre dans ledit temps, pardeuant ledit Conſeiller Rapporteur, auſſi ſous vn bref Inuentaire, tout ce que bon leur ſemblera, pour juſtifier l'vſurpation pretenduë dudit titre de Nobleſſe, dont la partie aſſignée prendra communication, pour trois jours aprés y donner auſſi ſes reſponſes à contredits: Surquoy ledit Conſeiller Rappor-

teur donnera Acte à toutes lefdites parties de toutes leurs
demandes, deffenfes, dires & declarations, & ordonnera
qu'il en fera par luy referé à ladite Cour, par laquelle fera
fait droict conformément aux prefentes Lettres de Declaration, trois jours aprés, au rapport dudit Confeiller commis, fur tout ce qui fe trouuera pardeuers luy, fans aucune
forclufion, ny que lefdits delais puiffent eftre prolongez,
fous quelque pretexte que ce foit. Et d'autant que la
diuerfité des autres affaires qui fe traittent en noftredite
Cour, pourroit faire confufion auec celles de l'execution
de noftredite prefente Declaration ; Voulons qu'il foit fait
vn Regiftre feparé des prefentations, & vn autre feparé
des produits qui feront faits en execution des Prefentes.
V O V L O N S en outre que lefdites Inftances foient jugées
par noftredite Cour fans frais, attendu que nous fommes
feules parties ; fauf neantmoins à caufe de la multiplicité
des affaires, à faire vn fonds raifonnable des deniers de
noftre Efpargne, pour les vacations des Officiers de noftredite Cour, ainfi que nous auiferons bon eftre. Et bien
que nous ayons tout fujet de reuoquer tous les Annobliffemens, confirmations & reftabliffemens de Priuileges de
Nobleffe accordez à plufieurs de nos Subjets, tant par les
Roys nos predeceffeurs Henry IV. & Louis XIII. d'heu-
reufe memoire, que par Nous : Neantmoins voulans
traitter fauorablement lefdits nouueaux Annoblis, & lefdits
confirmez & reftablis en leurs Nobleffes ; N o v s auons
confirmé & confirmons dans lefdits Annobliffemens, confirmations & reftabliffemens de Priuileges de Nobleffe,
ceux à qui aucuns en ont efté accordez depuis l'année 1606.
jufqu'à prefent, à la charge de nous payer par chacun d'eux,
à l'exception de ceux de Normandie qui ont défja fatisfait,

la ſomme de Quinze cens liures, & les deux ſols pour liure
d'icelle, vn mois aprés la publication des Preſentes, és
mains dudit Bouſſeau, ſes Procureurs ou Commis, Porteurs des Quittances du Treſorier des Deniers extraordinaires, Me Guillaume de Flandres; à quoy faire ledit temps
paſſé, ils ſeront contraints comme il eſt accouſtumé pour
nos deniers & affaires, autrement leſdites Lettres demeureront reuoquées, & leſdits Annoblis, reſtablis & confirmez, leurs veuves, enfans & deſcendans, décheus du
benefice & priuilege d'icelles, impoſez & taxez comme
deſſus, és Rolles des Tailles des Paroiſſes de leurs demeures,
comme Roturiers & contribuables, ſi dans deux mois
aprés ladite publication, ils ne font regiſtrer dans les
Eſlections de leur reſſort, leſdites Quittances de confirmation. Et d'autant qu'il ſe pourroit trouuer difficulté à
l'eſgard deſdits Annoblis, reſtablis & confirmez depuis
ladite année 1606. qui ſont decedez, aux enfans deſquels
on pourroit demander chacun Quinze cens liures pour
ladite confirmation : Novs Voulons que leſdits enfans
deſdits Annoblis, reſtablis & confirmez decedez, ſoient
tenus de payer chacun mil liures, & les deux ſols pour
liure, pour leur confirmation ſeulement, au lieu deſdits
Quinze cens liures, qui ne ſeront payez que par les Annoblis, reſtablis & confirmez viuans, ou par les enfans
vniques ſeulement deſdits Annoblis, reſtablis & confirmez
decedez. Si DONNONS EN MANDEMENT à nos
amez & feaux les Gens tenans noſtre Cour des Aydes à
Paris; Que ces Preſentes ils ayent à faire regiſtrer purement
& ſimplement ſelon leur forme & teneur, ſans permettre
ny ſouffrir qu'il y ſoit contreuenu en quelque ſorte & maniere que ce ſoit, Nonobſtant & ſans auoir eſgard à tous
les

les Edicts, Declarations, Lettres Patentes, Dons, Traittez,
Arrefts, Reglemens, formes ordinaires , & autres chofes
à ce contraires; Aufquelles & aux dérogatoires des dérogatoires y contenuës , Nous auons dérogé & dérogeons
par ces Prefentes : C A R tel eft noftre plaifir. D O N N E' à
Paris le huictiéme iour de Février , l'An de grace mil fix
cens foixante-vn , & de noftre Regne le dix-huictiéme.
Signé, L O V I S : *Et plus bas,* Par le Roy, DE GVENEGAVD.
Et fcellé du grand Sceau de cire jaune, fur double queüe.

Egiftrées en la Cour des Aydes, Oüy le Procureur General
R *du Roy , pour eftre executées felon leur forme & teneur,*
à la charge que les affignations qui feront données aux pretendus
Vfurpateurs de Nobleffe , pour rapporter leurs Titres en confe-
quence des prefentes Lettres, feront faites à perfonne ou domicile,
en prefence de deux tefmoins, fuiuant l'Ordonnance ; & que ceux
defdits affignez qui comparoiftront en la Cour fur lefdites affigna-
tions , auront delay de quinzaine du iour de leur comparution,
pour rapporter leurs Titres , & que les Enfans mafles de chacun
des Annoblis decedez , qui fe voudront feruir du Priuilege des
Lettres de Nobleffe de leurs Peres , au lieu de la fomme de Mil liures
chacun, payeront folidairement la fomme de Quinze cens liures
feulement; & que ceux defdits Annoblis ou leurs enfans, qui au-
ront payé ladite fomme de Quinze cens liures pour leur confirma-
tion , en confequence de la Declaration du Roy du 30. Decembre
16 5 6. verifiée en la Cour le vnziéme Septembre 16 5 7. ne pour-
ront eftre contraints au payement de ladite fomme de Quinze cens
liures, en confequence des prefentes Lettres ; Pour l'effet & execu-
tion defquelles, le nommé Bouffeau & fa Caution feront tenus
de mettre vn Acte de leurs foûmiffions au Greffe de ladite Cour,
& que l'Arreft de verification fera leu & publié és Sieges des

Eſlections, l'Audiance tenant, à la diligence des Subſtituts du Procureur General du Roy, qui ſeront tenus de certifier la Cour de leurs diligences au mois, meſme permis iceluy faire afficher par tout où beſoin ſera. A Paris en ladite Cour des Aydes, les Chambres aſſemblées, le trentiéme iour d'Aouſt mil ſix cens ſoixante-vn. Signé, DV MOLIN.

ARREST DE VERIFICATION
de ladite Declaration.

Extraict des Regiſtres de la Cour des Aydes.

VEV PAR LA COVR, les Chambres aſſemblées, les Lettres Patentes du Roy en forme de Declaration, données à Paris le huictiéme Février 1661. Signées LOVIS, & plus bas, Par le Roy, DE GUENEGAUD, & ſcellées du grand Sceau de cire jaune: Par leſquelles & pour les cauſes y contenuës, ſa Majeſté ayant fait mettre l'affaire en déliberation en ſon Conſeil, où eſtoient la Reyne ſa tres-honorée Dame & Mere, pluſieurs Princes, Seigneurs, & autres grands & notables perſonnages ; & de ſa certaine ſcience, plaine puiſſance & authorité Royale, Ordonne, veut & luy plaiſt, que tous ceux qui ſe trouueront ſans eſtre Nobles & ſans Titres valables, auoir indeüement pris la qualité de Cheualier ou d'Eſcuyer, auec Armes timbrées, ou vſurpé le Titre de Nobleſſe, ou exemption des Tailles, ſoit de leur authorité, force & violence, ou en vertu de Sentences & Iugemens donnez par les Commiſſaires deputez pour le regalement des Tailles ou Francs-fiefs, que des Sentences des Officiers

des Eslections ou autres Iuges, qui se trouueront auoir esté
données par collusion & sous faux donné à entendre, soient
imposez aux Rolles des Tailles des Parroisses où ils sont
demeurans, eu esgard aux biens & facultez qu'ils possedent,
nonobstant lesdites Sentences & Iugemens; Et pour l'in-
deüe vsurpation par eux faite, qu'ils soient tenus payer à sa
Majesté, conformément au Reglement des Tailles de l'année 1634. la somme de Deux mil liures , & les deux sols
pour liure ; & en outre qu'ils soient condamnez en telle
somme qui sera arbitrée par ladite Cour , pour l'indeuë
exemption du passé de la contribution des Tailles ; au payement desquelles sommes & condemnations , ils seront
contraints comme pour les propres deniers & affaires de
sadite Majesté. Veut que lesdites qualitez par eux prises,
soient rayées & biffées de tous Actes & Contracts où ils se
trouueront les auoir prises & vsurpées, le Timbre apposé
à leurs Armes laceré & rompu, & qu'il soit fait vn Rolle
de tous ceux qui auront esté ainsi condamnez & declarez
Vsurpateurs du Titre de Noblesse, ou desdites qualitez,
par ladite Cour , & iceluy mis és Greffes des Eslections,
pour y auoir recours, & estre lesdits Vsurpateurs taxez par
les Asséeurs & Collecteurs , ou d'office par les Esleus , &
compris és Rolles des Tailles & autres Impositions. Et
afin de connoistre lesdits Vsurpateurs, Veut que dans
l'estenduë du ressort de ladite Cour, tous ceux qui pretendront jouïr du Titre de Noblesse, & des Priuileges d'icelle,
seront tenus de representer leurs Titres en Originaux, aux
premiers commandemens qui leur en seront faits à la requeste de son Procureur General en ladite Cour, poursuitte
& diligence de Me Thomas Bousseau, que sadite Majesté
a chargé de l'execution de ladite Declaration, & du recou-

B ij

urement des ſommes qui en prouiendront, pour ſur leſdites
pieces, eſtre par ladite Cour jugé de la Nobleſſe ou de
l'vſurpation de ceux qui auront eſté aſſignez. Et neantmoins déſirant pouruoir à ce que les veritables Gentils-
hommes ne ſoient point vexez ; Ordonne qu'auant qu'il
puiſſe eſtre donné aucune aſſignation en execution deſdites
Lettres, ledit Bouſſeau & ſa caution feront tenus de mettre
au Greffe de ladite Cour, vn Eſtat ſigné d'eux, contenant
les noms, ſurnoms, qualitez & demeures de ceux qu'ils
pretendront eſtre Vſurpateurs, & faire aſſigner pour juſtifier de leur Nobleſſe ou deſdites qualitez : Et en cas que
par l'éuenement ledit Bouſſeau & ſa caution faſſent aſſigner
aucuns deſdits veritables Gentils-hommes, Veut qu'ils
ſoient condamnez en tous leurs deſpens, dommages &
intereſts ; comme le feront auſſi enuers ledit Bouſſeau & ſa
caution, ceux qui ſe trouueront auoir vſurpé ladite qualité
de Cheualier ou d'Eſcuyer, ou s'eſtre exemptez indeuëment
comme Nobles, du payement des Tailles & autres Impoſitions. Et voulant traiter fauorablement les nouueaux
Annoblis & les confirmez & reſtablis en leurs Nobleſſes ;
Sadite Majeſté confirme dans leſdits annobliſſemens &
reſtabliſſemens de Priuileges de Nobleſſe, ceux à qui aucuns en ont eſté accordez depuis l'année 1606. juſques à
preſent, à la charge de luy payer par chacun d'eux, à l'exception de ceux de Normandie, qui ont déſja ſatisfait, la
ſomme de Quinze cens liures, & les deux ſols pour liure
d'icelle, vn mois aprés la publication deſdites Lettres.
Et d'autant qu'il ſe pourroit trouuer difficulté à l'eſgard
deſdits Annoblis, reſtablis & confirmez depuis ladite année
1606. qui ſont decedez, aux enfans deſquels on pourroit
demander chacun Quinze cens liures pour ladite confirma-

tion ; Sa Majesté veut que lesdits enfans desdits Annoblis,
restablis & confirmez decedez, soient tenus de payer chacun
mil liures, & les deux sols pour liure pour leur confirmation seulement, au lieu desdits Quinze cens liures, qui ne
feront payez que par les Annoblis, restablis & confirmez
viuans, ou par les enfans vniques seulement desdits Annoblis, restablis & confirmez decedez ; le tout ainsi que
plus au long est contenu & specifié par lesdites Lettres à
ladite Cour adressantes, pour la verification & enregistre-
ment d'icelles : Conclusions du Procureur General du Roy,
Et tout consideré. LA COVR A Ordonné & ordonne
lesdites Lettres estre registrées au Greffe d'icelle, pour estre
executées selon leur forme & teneur, A la charge que les
assignations qui feront données aux pretendus Vsurpateurs
de Noblesse, pour apporter leurs Titres en consequence
de ladite Declaration, feront faites à personne ou domicile,
en presence de deux tesmoins, suiuant l'Ordonnance ; &
que ceux desdits assignez qui comparoistront en la Cour
sur lesdites assignations, auront delay de quinzaine du iour
de leur comparution, pour rapporter leurs Titres ; & que
les enfans masles de chacun des Annoblis decedez, qui se
voudront seruir du Priuilege des Lettres de Noblesse de
leurs Peres, au lieu de la somme de mil liures chacun,
payeront solidairement la somme de Quinze cens liures
seulement ; & que ceux desdits Annoblis, ou leurs enfans,
qui auront payé ladite somme de Quinze cens liures pour
leur confirmation, en consequence de la Declaration du
Roy du trentiéme Decembre 1656. verifiée en la Cour le
vnziéme Septembre 1657. ne pourront estre contraints au
payement de ladite somme de Quinze cens liures, en consequence de la presente Declaration, pour l'effet & exe-

cution de laquelle, ledit Bousseau & sa caution seront tenus de mettre vn Acte de leurs submissions au Greffe de ladite Cour. ORDONNE que le present Arrest sera leu & publié és Sieges des Eslections, l'Audiance tenant, à la diligence des Substituts dudit Procureur General du Roy, qui seront tenus de certifier la Cour de leurs diligences au mois, mesme permis iceluy faire afficher par tout où besoin sera. FAIT à Paris en la Cour des Aydes, le trentiéme iour d'Aoust mil six cens soixante-vn.

Signé, DV MOLIN.

Collationné aux Originaux, par moy Conseiller Secretaire du Roy, & de ses Finances.

DECLARATION DV ROY,

Du vingt-deuxiéme Juin 1664.

PORTANT Reglement des Procedures & Formalitez qui seront faites en execution de la Declaration de sa Majesté, du 8. Février 1661. contre les Vsurpateurs du Tiltre de Noblesse.

Verifiée en la Cour des Aydes, le cinquiéme Juillet 1664.

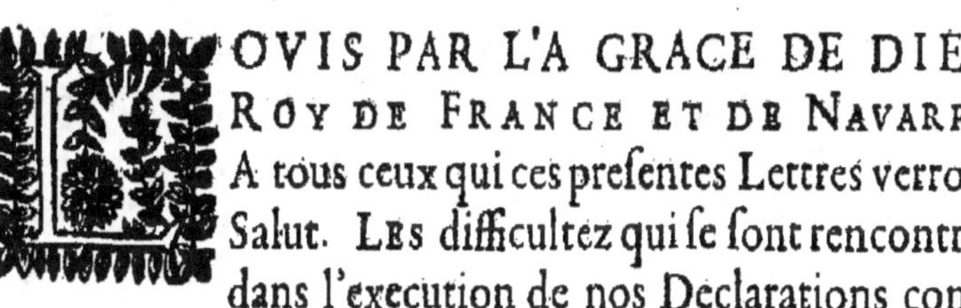

LOVIS PAR L'A GRACE DE DIEV, ROY DE FRANCE ET DE NAVARRE; A tous ceux qui ces presentes Lettres verront, Salut. LES difficultez qui se sont rencontrées dans l'execution de nos Declarations contre les Vsurpateurs de Noblesse, entr'autres de celle du huict Février 1661. verifiée en nostre Cour des Aydes de Paris, le trentiéme Aoust audit an ; Nous ayant obligez d'examiner les moyens necessaires pour les faire executer promptement, & faire cesser dans nostre Royaume ces sortes d'vsurpations, préjudiciables à l'honneur de la veritable Noblesse, & à nos Subjets contribuables aux Tailles : Nous n'auons point trouué de meilleur moyen, que celuy d'abreger les procedures, & retrancher les formalitez inutiles, en faisant connoistre nostre intention, à ce que noſtredite Cour ait à s'y conformer, dans le jugement des affaires qui y feront pourſuiuies, à la diligence de Me Thomas Bouſſeau, que nous auons chargé de la Recherche & de la pourſuitte contre leſdits Vſurpateurs. A CES CAVSES, Sçauoir faiſons, Qu'ayant fait mettre cette affaire en déliberation en noſtre Conſeil; DE l'Aduis d'iceluy, & de noſtre certaine ſcience, pleine puiſſance & authorité Royale; AVONS par ces Preſentes ſignées de noſtre main, Dit, declaré & ordonné, Diſons, declarons & ordonnons, Voulons & nous plaiſt, Que pour la Recherche deſdits Vſurpateurs, il ſoit expedié vne Commiſſion generale, en vertu de laquelle il ſera fait commandement aux Vſurpateurs des qualitez de Cheualier ou d'Eſcuyer, ou à ceux qui ſe ſont indeuëment exemptez de la contribution aux Tailles, de repreſenter dans les delays ordinaires, & ſuiuant la diſtance des lieux, les Originaux des Titres de leur pretenduë Nobleſſe: Et faute par eux de comparoiſtre aux premiers commandemens qui leur en feront faits, ſur le Certificat du Commis au Greffe des Preſentations, qu'ils n'ont point comparu, ledit Certificat prealablement enregiſtré, leur ſera fait iteratif commandement en vertu de ladite Commiſſion generale, de repreſenter leurſdits Titres, ſinon & à faute de ce, ſeront declarez Roturiers, ainſi qu'il eſt porté par noſtredite Declaration du huictiéme Février 1661. A la charge de dépoſer par ledit Bouſſeau, és mains de noſtre Procureur General en ladite Cour, & pareillement au Greffe d'icelle, vn Eſtat ſigné de luy & de ſa caution, contenant les noms, ſurnoms, qualitez & demeures de ceux qu'il pretend pourſuiure comme Vſurpateurs deſdites qualitez, auant que de pouuoir faire donner aucunes aſſignations, & faire aucuns commandemens, à

peine

peine de concuſſion ; & de nullité des Exploits ; Dans leſquels commandemens & aſſignations, ſera fait mention
de la datte de l'Eſtat auquel ſeront compris ceux qui ſeront
pourſuiuis à la diligence dudit Bouſſeau. Que conformément à l'Arreſt de verification de ladite Declaration du
huictiéme Février 1661. les Particuliers qui comparoiſtront
aux commandemens qui leurs ſeront faits, ſeront tenus de
produire les groſſes originales, ou minuttes des Tiltres
juſtificatifs de leur Nobleſſe, quinzaine aprés leur comparution, dans lequel temps ledit Bouſſeau fera ſignifier aux
Procureurs vn Acte de ſommation & de proteſtation, qu'ils
ayent à repreſenter leurs Titres ſi bon leur ſemble, ſinon
& à faute de ce faire dans ledit delay de quinzaine, & iceluy
paſſé, qu'il ſoit donné Arreſt de condemnation contr'eux,
ſur le Certificat du Greffier qu'ils n'ont repreſenté aucuns
Titres, ſans autre forcluſion ny ſignification de Requeſte,
& ſans auoir eſgard à la comparution, n'eſtant pas ſuiuie
de la production. VOULONS que ceux qui ſouſtiendront
eſtre Nobles, produiſent leurs Titres par vne meſme &
ſeule production ; & à cét effet, que toutes productions
nouuelles ſoient rejettées, à la reſerue de deux ſeulement
aprés la principale : Que pareillement toutes Requeſtes incidentes auant la production, ſoient rejettées, & aprés
icelle jointes, pour en jugeant y auoir tel eſgard que de
raiſon ; declarant dés à preſent nuls & de nul effet, les Arreſts
que les Particuliers pourroient ſurprendre aux Audiances
ſur pareilles Requeſtes. ORDONNONS en outre, Que
tous les Procez pour raiſon deſdites Vſurpations, ſoient
jugez par abſolution ou par condemnation : Ce faiſant,
que ceux qui juſtifieront par Titres authentiques, la poſſeſſion de leur Nobleſſe depuis l'année 1550. ſoient renuoyez

C

abſous de la pourſuitte dudit Bouſſeau ; & que ceux qui ne produiront des Titres & Contracts que depuis & au deſſous l'année 1560. ſoient declarez Roturiers, contribuables aux Tailles & autres impoſitions, & condamnez en Deux mil liures d'amende, & aux deux ſols pour liure : Que toutes les Requeſtes afin d'inſcription de faux ſoient receuës, & les Particuliers tenus de faire apporter dans deux mois pour tous delais, les minuttes des groſſes par eux produites, contre leſquelles noſtredit Procureur General, ou ledit Bouſſeau, ſe feront inſcrits en faux, ſans qu'à l'eſgard des minuttes des Contracts paſſez depuis l'année 1560. incluſiuement, ils puiſſent eſtre diſpenſez de faire apporter leſdites minuttes ; & à faute de les faire mettre au Greffe dans ledit temps, que les groſſes ſoient miſes dans vn ſac à part, prealablement paraphées par les Conſeillers Rapporteurs, pour y auoir en jugeant tel eſgard que de raiſon, & ceux qui s'en feront ſeruis, leurs fabricateurs & leurs complices, punis ſelon la rigueur des Ordonnances. ORDONNONS à noſtredite Cour, de vacquer au Iugement deſdits Procez deux jours de chacune ſemaine, tant le matin que de releuée, ſans qu'eſdits jours il ſoit jugé d'autres Procez que ceux où ledit Bouſſeau ſera partie, & dont il ſolicitera le Iugement ; & que ceux de la pourſuitte deſquels il ſe ſera deſiſté, ſoient jugez aux autres jours, à la ſolicitation des parties ſi bon leur ſemble, à leurs frais & deſpens, dérogeant à ce regard à noſtredite Declaration du mois de Février 1661. ſans neantmoins qu'ils ſoient obligez de faire appeller les Habitans, ny obſeruer d'autres formalitez que celles qui s'obſeruent aux autres Inſtances où ledit Bouſſeau eſt partie, ny qu'ils ſoient tenus d'obtenir des Arreſts ſur leſdits déſiſtemens, ſauf à noſtre Procureur General à pourſuiure ſi bon luy ſemble le Iugement deſdits Procez, ainſi qu'il verra eſtre à faire par raiſon. ENJOIGNONS audit Bouſſeau de retirer des mains des Conſeillers Rapporteurs, les productions qui leur auront eſté diſtribuées, trois jours aprés qu'ils s'en feront chargez au Greffe, & dans la quinzaine enſuiuant, de contredire leſdites Productions, ou donner ſon déſiſtement, ſinon ſera reputé partie : Et en cas que les Particuliers produiſans faſſent aucune production nouuelle, Voulons que la principale ſoit derechef donnée en communication audit Bouſſeau, ſans que ledit delay de quinzaine ſoit tiré à conſequence que du iour de ladite production nouuelle; & faiſant par luy ledit déſiſtement dans ledit temps, ne ſera tenu pour tous deſpens, dommages & intereſts, que de payer; ſçauoir, la ſomme de Trente-deux liures pariſis, à ceux qui feront demeurans dans les Generalitez de Paris, Orleans, Amiens, Soiſſons, Tours & Chalons, & Quarante-huict liures pariſis, à ceux qui ſont demeurans dans les autres Generalitez. VOULONS que ledit Bouſſeau repreſente tous les trois mois à noſtre Procureur General, ſes Regiſtres, & faſſe apparoir des diligences & pourſuittes par luy faites contre les dénommez és Eſtats qui auront eſté par luy dépoſez au Greffe de ladite Cour, & pardeuers noſtredit Procureur General, auquel enjoignons de faire toutes les requiſitions neceſſaires pour l'execution de noſtredite Declaration du huictiéme Février 1661. que nous voulons eſtre executée, en ce qui ne ſera pas contraire à ces Preſentes. SI DONNONS EN MANDEMENT à nos amez & feaux les Gens tenans noſtre Cour des Aydes à Paris; Que ces Preſentes ils ayent à faire publier & regiſtrer purement & ſimplement ſelon leur forme & teneur, ſans ſouffrir qu'il y ſoit contreuenu en quelque ſorte & maniere

C ij

que ce foit, nonobſtant tous Arreſts & Lettres à ce contraires, auſquelles nous auons dérogé & dérogeons : CAR
tel eſt noſtre plaiſir. EN teſmoin dequoy, Nous auons fait
mettre noſtre Scel à ceſdites Preſentes. DONNE'ES à
Fontaine-bleau le vingt-deuxiéme iour de Iuin , l'An de
grace mil ſix cens ſoixante-quatre, & de noſtre Regne le
vingt-deuxiéme. Signé LOVIS : Et ſur le reply, Par le
Roy, DE GUENEGAUD. Et ſcellé du grand Sceau de
cire jaune.

*Regiſtrées en la Cour des Aydes, Ouy le Procureur General du
Roy , pour eſtre executées ſelon leur forme & teneur , & aux
charges portées par l'Arreſt de ce jourd'huy. Donné à Paris en
ladite Cour des Aydes , les Chambres aſſemblées , le cinquiéme iour
de Juillet mil ſix cens ſoixante-quatre. Signé, BOUCHER.*

EXTRAICT DES REGISTRES
de la Cour des Aydes.

EV PAR LA COVR, les Chambres
aſſemblées, les Lettres Patentes du Roy en
forme de Declaration, données à Fontaine-
bleau le vingt-deuxiéme Iuin 1664. Signées
LOVIS; Et ſur le reply, Par le Roy, DE
GUENEGAUD; & au coſté, Veu au Conſeil, COLBERT;
& ſcellées du grand Sceau de cire jaune : Par leſquelles &
pour les conſiderations y contenuës, Sa Majeſté ordonne
que dans la Recherche des Vſurpateurs de Nobleſſe, il ſoit
expedié vne Commiſſion generale, en vertu de laquelle il
ſera fait commandement aux Vſurpateurs du Tiltre de

Cheualier ou d'Escuyer, ou à ceux qui se sont indeuëment exemptez de la contribution aux Tailles, de representer dans les delais ordinaires, & suiuant la distance des lieux, les Originaux des Tiltres de leur pretenduë Noblesse ; & faute par eux de comparoistre aux premiers commandemens qui leur seront faits, sur le Certificat du Commis au Greffe des Presentations, qu'ils n'ont point comparu, ledit Certificat prealablement enregistré, leur soit fait iteratif commandement en vertu de ladite Commission generale, de representer lesdites Lettres, sinon & à faute de ce, soient declarez Roturiers, ainsi qu'il est porté par sa Declaration du huictiéme Février 1661. A la charge de déposer par Me Thomas Bousseau, chargé de la Recherche & de la poursuite contre lesdits Vsurpateurs, és mains de son Procureur general en ladite Cour, & au Greffe d'icelle, vn Estat signé de luy & de sa Caution, contenant les noms, surnoms, qualitez & demeures de ceux qu'il pretend poursuiure comme Vsurpateurs desdites qualitez, auant que de pouuoir faire donner aucunes assignations, & faire aucuns commandemens, à peine de concussion, & de nullité des Exploicts ; dans lesquels commandemens & assignations, sera fait mention de la datte de l'Estat auquel sont compris ceux qui seront poursuiuis à la diligence dudit Bousseau. Que conformément à l'Arrest de verification de ladite Declaration, les Particuliers qui comparoistront aux commandemens qui leur seront faits, seront tenus de produire les grosses originales ou minuttes des Tiltres justificatifs de leur Noblesse, quinzaine aprés leur comparution, dans lequel temps ledit Bousseau fera signifier aux Procureurs vn Acte de sommation & de protestation qu'ils ayent à representer leurs Titres si bon leur semble, sinon & à faute de ce faire dans ledit delay de quinzaine, & iceluy passé, qu'il soit donné Arrest de condemnation contr'eux, sur le Certificat du Greffier, qu'ils n'ont representé aucuns Titres, sans autre forclusion ny signification de Requeste, & sans auoir esgard à la comparution, n'estant pas suiuie de la production. Veut sadite Majesté, que ceux qui soustiendront estre Nobles, produisent leurs Titres par vne seule & mesme production, & à cét effet, que toutes productions nouuelles soient rejettées, à la reserue de deux seulement aprés la principale : Que pareillement toutes Requestes incidentes auant la production, soient rejettées, & aprés icelle jointes, pour en jugeant y auoir tel esgard que de raison, declarant dés à present nuls & de nul effet, les Arrests que les Particuliers pourroient surprendre aux Audiances sur parcilles Requestes. Ordonne en outre, que tous les Procez pour raison desdites Vsurpations, soient jugées par absolution ou par condemnation ; ce faisant, que ceux qui justifieront par Titres authentiques la possession de leur Noblesse depuis l'année 1550. soient renuoyez absous de la poursuitte dudit Bousseau, & que ceux qui ne produiront des Titres & Contracts que depuis & au dessous de l'année 1560. soient declarez Roturiers, contribuables aux Tailles & autres Impositions, & condamnez en Deux mil liures d'amende, & aux deux sols pour liure : Que toutes les Requestes à fin d'inscription de faux, soient receuës, & les Particuliers tenus de faire apporter dans deux mois pour tous delais, les minuttes des grosses par eux produites, contre lesquelles sondit Procureur General, ou ledit Bousseau, se feront inscrits en faux, sans qu'à l'esgard des minuttes des Contracts passez depuis l'année 1560.

inclufiuement , ils puiffent eftre difpenfez de faire apporter lefdites minuttes ; & à faute de les faire mettre au Greffe dans ledit temps, que les groffes foient mifes dans vn fac à part, prealablement paraphées par les Confeillers Rapporteurs, pour y auoir en jugeant tel efgard que de raifon, & ceux qui s'en feront feruis, leurs fabricateurs & leurs complices, punis fuiuant la rigueur des Ordonnances. Ordonne à ladite Cour de vacquer au jugement defdits Procez deux jours de chacune femaine, tant le matin que de releuée, fans qu'efdits jours il foit jugé d'autres Procez que ceux où ledit Bouffeau fera partie, & dont il folicitera le Iugement, & que ceux de la pourfuite defquels il fe fera défifté, feront jugez aux autres jours, à la folicitation des parties, fi bon leur femble, à leurs frais & defpens, dérogeant à ce regard à fa Declaration du mois de Février 1661. fans neantmoins qu'ils foient obligez de faire appeller les Habitans, ny obferuer d'autres formalitez que celles qui s'obferuent aux autres Inftances où ledit Bouffeau eft partie, ny qu'ils foient tenus d'obtenir des Arrefts fur lefdits défiftemens, fauf à fondit Procureur General à pourfuiure fi bon luy femble, le jugement defdits Procez, ainfi qu'il verra eftre à faire par raifon. Enjoint audit Bouffeau de retirer des mains des Confeillers Rapporteurs, les productions qui leur auront efté diftribuées, trois jours aprés qu'ils s'en feront chargez au Greffe, & dans la quinzaine enfuiuant, de contredire lefdites productions, ou donner fon défiftement, finon fera reputé partie : Et en cas que les Particuliers produifans faffent aucune production nouuelle, Veut que la principale foit derechef donnée en communication audit Bouffeau, fans que ledit delay de quinzaine foit tiré à confequence que du iour de ladite production nouuelle; & faifant par luy ledit défiftement dans ledit temps , ne fera tenu pour tous defpens , dommages & interefts , que de payer , fçauoir la fomme de Trente-deux liures parifis , à ceux qui feront demeurans dans les Generalitez de Paris , Orleans, Amiens , Soiffons , Tours & Chaalons , & Quarantehuict liures parifis , à ceux qui font demeurans dans les autres Generalitez. Veut que ledit Bouffeau reprefente tous les trois mois à fon Procureur General , fes Regiftres, & faffe apparoir des diligences & pourfuittes par luy faites contre les dénommez és Eftats qui auront efté par luy dépofez au Greffe de ladite Cour , & pardeuers fondit Procureur General , auquel il enjoint de faire toutes les requifitions neceffaires pour l'execution de fadite Declaration , qu'il veut eftre executée en ce qui ne fera pas contraire à cefdites Lettres : Et fi mande fadite Majefté à ladite Cour , que fefdites Lettres elle ait à faire publier & regiftrer purement & fimplement felon leur forme & teneur , fans fouffrir qu'il y foit contreuenu en quelque forte & maniere que ce foit , nonobftant tous Arrefts & Lettres à ce contraires , aufquelles fadite Majefté a dérogé & déroge. VEV auffi ladite Declaration du huictiéme Février 1661. & Arreft de verification interuenu fur icelle : Conclufions dudit Procureur General du Roy, Et tout confideré. LA COVR A Ordonné & ordonne lefdites Lettres eftre regiftrées au Greffe d'icelle , pour eftre executées felon leur forme & teneur ; A la charge qu'à faute par les Vfurpateurs de comparoir aux affignations à eux baillées en vertu de la Commiffion generale, il fera déliuré par le Greffier des Prefentations de ladite Cour , vn Defaut fans frais , dans lequel feront compris

tous

tous ceux dont les affignations feront efcheuës, pour en vertu dudit deffaut, fur les coppies d'iceluy collationnées par vn Notaire ou Secretaire du Roy, ou Commis au Greffe de ladite Cour, eftre les défaillans réaffignez en icelle : Que l'Eftat qui fera prefenté & mis au Greffe de ladite Cour par Bouffeau & fes Cautions, figné d'eux, fera paraphé, & tous les feüillets arreftez & fignez au bas dudit Eftat, par l'vn des Prefidens & Confeillers en icelle, fuiuant l'ordre du Tableau, incontinent aprés la prefentation dudit Eftat : Que toutes les Requeftes incidentes prefentées par les affignez auant leurs productions, feront rejettées, & celles qui feront prefentées aprés leurs productions, feront jointes aux Inftances, pour en jugeant y auoir tel efgard que de raifon, fans que fur lefdites Requeftes, les parties foient renuoyées à l'Audiance, ny qu'elles s'y puiffent pouruoir, à peine de nullité : Qu'il fera trauaillé au jugement defdits Procez par preference à tous autres : Que le delay de la communication des productions principales & nouuelles, fera refpectif entre les parties : Et fera le Roy tres-humblement fupplié de trouuer bon que les defpens, dommages & interefts, jufques au iour du défiftement dudit Bouffeau, feront liquidez ; fçauoir, pour ceux qui demeurent és Generalitez de Paris, Orleans, Amiens, Soiffons & Chaalons, à la fomme de Soixante & quatre liures parifis ; & pour ceux qui demeurent és autres Generalitez, à la fomme de Six-vingts liures parifis : Et fera ledit Bouffeau tenu de trois mois en trois mois, reprefenter fes Regiftres, & faire apparoir des diligences qu'il aura faites contre les Vfurpateurs dénommez audit Eftat par luy mis au Greffe de ladite Cour, pardeuant

D

deux Conseillers en icelle, qu'elle a commis suiuant l'ordre du Tableau : Et a ordonné & ordonne que coppies collationnées seront enuoyées és Elections & Greniers à Sel du ressort de ladite Cour, pour y estre leuës, publiées & regiſtrées, à la diligence des Subſtituts du Procureur General du Roy, qui seront tenus d'en certifier au mois ladite Cour ; Et sera aussi ladite Declaration, & le present Arreſt de verification, publiez en la Communauté des Procureurs de ladite Cour. FAIT à Paris en ladite Cour des Aydes, le cinquiéme iour de Iuillet mil six cens soixante-quatre. Signé, BOVCHER.

Collationné aux Originaux, par moy Conseiller Secretaire du Roy, & de ses Finances.

ARREST DV CONSEIL
D'ESTAT DV ROY,

Du huictiéme Aouſt 1664.

Contre les Officiers Commençaux qui ne ſeront compris aux Eſtats fournis en la Cour des Aydes, en l'année 1664.

Extraict des Regiſtres du Conſeil d'Eſtat.

LE ROY ayant par ſa Declaration du trentiéme iour de May dernier, regiſtrée en la Cour des Aydes de Paris, Ordonné qu'à commencer en l'année prochaine 1665. nuls Officiers Commençaux des Maiſons Royales, que ceux actuellement ſeruans, & qui ſeront compris au nombre de ceux reglez par les Eſtats attachez ſous le contre-ſcel de ladite Declaration ; Enſemble leurs Veuves pendant leur viduité, & les Veterans, ne jouïront d'aucuns Priuileges, Exemptions & Immunitez attribuez auſdits Officiers : Et que les Eſtats deſdites Maiſons Royales, contenans les noms & ſurnoms deſdits Officiers actuellement ſeruans, & ſuiuant le nombre reglé par ſa Majeſté, ſeroient portez à ladite Cour des Aydes dans le dernier Iuillet dernier, ſinon & à faute de ce, Sa Majeſté auroit ordonné que les Officiers qui ne ſe trouueroient compris auſdits Eſtats, ſeroient décheus de

A

leurs priuileges, & impofez aux Tailles, fans que ladite claufe pût eftre reputée comminatoire. Et voulant Sa Majefté que ladite Declaration foit executée ; Oüy le Rapport du Sieur COLBERT, Confeiller au Confeil Royal, & Intendant des Finances : SA MAIESTE' EN SON CONSEIL, A ordonné & ordonne aux Sieurs Commiffaires par Elle départis dans fes Prouinces, & aux Officiers des Ellections, de tenir la main à l'execution de ladite Declaration du trentiéme May dernier ; Et en ce faifant, d'empefcher qu'aucuns Officiers defdites Maifons Royales, ne jouïffent d'aucuns priuileges ny exemptions, s'ils ne font compris aux Eftats qui ont efté ou feront fournis en ladite Cour des Aydes de Paris, en confequence de ladite Declaration, qu'ils ne juftifient de leur feruice actuel, & comme ils ont efté payez de leurs Gages au deffus de Soixante liures, & n'obferuent les formalitez portées par les Reglemens cy-deuant faits. FAIT au Confeil d'Eftat du Roy, Tenu à Fontaine-bleau le huictiéme iour d'Aouft mil fix cens foixante-quatre. Signé, BERRYER.

Collationné à l'Original, par moy Confeiller Secretaire du Roy, &t; de fes Finances.

ARREST DV CONSEIL D'ESTAT DV ROY,

Sa Majeste' y estant,

Du dernier Avril 1665.

Portant deffenses aux Préposez à la Recherche des Vsurpateurs du Tiltre de Noblesse, de faire donner aucunes
Assignations sans ordre par escrit des Sieurs Commissaires départis dans les Prouinces.

Extraict des Regiftres du Conseil d'Estat.

SVR les plaintes faites au Roy estant en son
Conseil ; Que contre l'intention de sa Majesté,
ceux qui sont chargez de la Recherche des
Vsurpateurs du Titre de Noblesse , y com-
prennent de veritables Gentils-hommes , lesquels ils font
venir à grands frais, pour rapporter leurs Titres aux Cours
des Aydes fort esloignées de leurs demeures , & aprés de
longs sejours, y obtiennent des Arrests de descharge, mais
auec tant de despense , que lesdits Gentils-hommes s'en
trouuent incommodez. A quoy Sa Majesté voulant pouruoir , en sorte que semblables vexations n'arriuent plus à
l'aduenir ; Ouy le rapport du Sieur COLBERT, Conseiller au Conseil Royal, & Intendant des Finances. SA
MAIESTE' ESTANT EN SON CONSEIL, A fait
& fait tres-expresses inhibitions & deffenses aux Commis
& Preposez à la Recherche desdits Vsurpateurs du Titre
de Noblesse, de faire donner aucunes Assignations, sans
ordre par escrit des Sieurs Commissaires départis par sa

Majesté dans ses Prouinces : Et en cas qu'aucuns pretendent auoir esté mal assignez, ils representeront leurs Titres pardeuant lesdits Sieurs Commissaires, lesquels estant communiquez ausdits Commis, s'ils trouuent que les Titres soient bons & sans contredit, ils seront tenus de donner leur désistement trois jours aprés ladite communication, sur lequel lesdits veritables Gentils-hommes seront renuoyez des Assignations à eux données, auec despens, qui seront liquidez par lesdits Sieurs Commissaires, selon la distance des lieux, & suiuant la Declaration de sa Majesté du vingt-deuxiéme iour du mois de Iuin 1664. registrée en la Cour des Aydes de Paris. Et à l'esgard des autres assignez, ils seront renuoyez esdites Cours des Aydes, pour estre jugez suiuant la rigueur des Ordonnances, Declarations & Reglemens sur ce faits. Et sera le present Arrest executé nonobstant oppositions ou appellations quelconques; Dont si aucunes interuiennent, Sa Majesté s'est reseruée la connoissance en sondit Conseil, icelle interdite & deffenduë à toutes ses autres Cours & Iuges. FAIT au Conseil d'Estat du Roy, Sa Majesté y estant, Tenu à Paris le dernier iour d'Avril mil six cens soixante-cinq. Signé, PHELYPEAVX.

Collationné à l'Original, par moy Conseiller Secretaire du Roy, & de ses Finances.

ARREST DV CONSEIL D'ESTAT,

Du vingtiéme May 1665.

Qui fait deffenses aufdits Prépofez, de faire executer
aucuns Arrefts ny Rolles, fans eftre vifez par les
Sieurs Commiffaires départis.

Extraict des Regiftres du Confeil d'Eftat.

SVR Ce qui a efté reprefenté au Roy en fon Confeil;
Que quelques précautions que fa Majefté ait prifes
pour empefcher les compofitions & vexations faites
par aucuns des Prépofez par Me Thomas Bouffeau, au
recouurement des Amendes adjugées contre les Vfurpateurs de Nobleffe, il a efté impoffible de faire ceffer cét
abus. A quoy voulant pouruoir, autant que faire fe peut,
en vne affaire de cette qualité, dont le fondement eft
foûtenable, eftant queftion de l'execution des anciennes
Ordonnances, & des Reglemens des Tailles, faits pour
le foulagement du Public; Oüy le Rapport du Sieur
MARIN, Confeiller ordinaire audit Confeil, & Intendant
des Finances: LE ROY EN SON CONSEIL,
A fait & fait inhibitions & deffenfes aux Commis &
Prépofez au recouurement defdites Amendes, de faire
executer aucuns Arrefts ny Rolles de condemnations
contre lefdits Vfurpateurs du Tiltre de Nobleffe, fans
eftre vifez par les Sieurs Commiffaires départis par fa
Majefté dans fes Prouinces, aufquels ledit Bouffeau, fes

Cautions, enſemble leſdits Commis & Prépoſez, fourniront vn Eſtat de toutes les Aſſignations données à leur diligence, juſques à preſent, pour ſçauoir au vray ce qui s'eſt fait en conſequence, ſans en pouuoir faire de nouuelles que par l'ordre deſdits Sieurs Commiſſaires, à peine de nullité, & de tous deſpens, dommages & intereſts: Enjoint Sa Majeſté auſdits Sieurs Commiſſaires, de tenir la main à l'execution du preſent Arreſt. FAIT au Conſeil d'Eſtat du Roy, tenu à Paris le vingtiéme iour de May mil ſix cens ſoixante-cinq. Signé, BERRYER.

Collationné à l'Original, par moy Conſeiller Secretaire du Roy, & de ſes Finances.

ARREST DV CONSEIL D'ESTAT DV ROY,

Sa Majeste' y estant,

Du premier Juin 1665.

Portant surséance de ladite Recherche, &c.

Extraict des Regiftres du Conseil d'Eftat.

LE ROY ayant, en conſequence des Ordonnances, & des Reglemens des Tailles, ordonné la Recherche de ceux qui ont vſurpé le Tiltre de Nobleſſe, pour les faire condamner au payement de l'Amende, & les faire employer aux Rolles des Tailles, pour le ſoulagement des Contribuables à icelles; Sa Majeſté auroit pour cét effect donné les ordres neceſſaires: Mais ils ont eſté ſi mal executez, que ſouuent les Traittans, ou leurs Commis, ont inquieté de veritables Gentilshommes, leſquels aprés auoir juſtifié de leurs Tiltres, ont eſté renuoyez auec condemnation contre leſdits Traittans, de deſpens, dommages & intereſts ſi modiques, qu'ils n'ont pas monté à la ſixiéme partie de ce qu'ils ont actuellement deſbourſé; Et à l'égard des Vſurpateurs, il a eſté fait des compoſitions auec aucuns, moyennant leſquelles, les Exploits d'aſſignations ont eſté ſupprimez, & d'autres ſur des Tiltres faux, ou fort foibles, ont eſté declarez Nobles, par la conniuence deſdits Traittans: Dequoy Sa Majeſté ayant receu diuerſes plaintes, Elle a reſolu d'y pouruoir, en ſorte que les Vſurpateurs ſoient traittez ſelon la rigueur des Ordonnances, & les veritables Gentilshommes exempts de vexation: Oüy le Rapport du Sieur COLBERT, Conſeiller au Conſeil Royal, & Intendant des Finances: SA MAIESTE' ESTANT

EN SON CONSEIL, A ordonné & ordonne, Que dans vn mois, les Traittans & Sous-Traittans de la Recherche defdits Vfurpateurs de Nobleffe, feront tenus de reprefenter pardeuant les Sieurs d'Aligre, de Séue, Puffort, de Breteüil, Marin, & Colbert, Confeillers ordinaires audit Confeil, les Eftats par le menu de toute la Recepte par eux faite, tant par Quittances des Treforiers des Parties Cafuelles, & Deniers extraordinaires, que par Recepiffez & Exploits de contraintes fur le principal, deux fols pour liure, & frais; Aufquels Eftats, qui feront certifiez aux peines de l'Ordonnance, ils employeront en defpenfe ce qu'ils auront actuellement payé, pour le tout veu & rapporté audit Confeil, eftre pourueu fur le rembourfement des aduances defdits Traittans & Sous-Traitans, ainfi qu'il appartiendra par raifon : Et cependant, leur fait Sa Majefté deffenfes de faire aucunes pourfuittes audit Confeil, aux Cours des Aydes, ny ailleurs, ny faire executer aucunes Contraintes, jufques à ce qu'autrement par fa Majefté en ait efté ordonné, à peine de trois mil liures d'amende contre les contreuenans, & de tous defpens, dommages & interefts; Se referuant fa Majefté de faire proceder à ladite Recherche, par les voyes & au temps qu'elle le jugera plus à propos. ORDONNE aux Commiffaires départis dans fes Prouinces, de tenir la main à l'execution du prefent Arreft, qui fera publié & affiché où befoin fera, à ce que perfonne n'en pretende caufe d'ignorance. FAIT au Confeil d'Eftat du Roy, Sa Majefté y eftant, Tenu à Saint Germain en Laye, le premier iour de Iuin mil fix cens foixante-cinq. Signé, DE GVENEGAVD.

Collationné à l'Original, par moy Confeiller Secretaire du Roy, & de fes Finances.

ARREST DV CONSEIL D'ESTAT DV ROY,

SA MAJESTE' Y ESTANT,

Du vingt-deuxiéme Mars 1666.

Qui leue la surséance portée par l'Arrest du premier Iuin 1665. Et qui ordonne que la Recherche des Vsurpateurs du Tiltre de Noblesse, sera continüée, &c.

Extraict des Regiſtres du Conseil d'Eſtat.

L E ROY Ayant en execution des anciennes Ordonnances & des Réglemens des Tailles, fait expedier pluſieurs Declarations regiſtrées és Cours des Aydes, pour faire la Recherche des Vſurpateurs du Titre de Nobleſſe, comme importantes aux veritables Gentils-hommes, & au foulagement des Taillables, & en conſequence fait trauailler à l'inſtruction & jugement des Inſtances par aucunes deſdites Cours, & par des Commiſſaires choiſis du corps d'icelles, leſquels ont rendu diuers Arreſts ſur ce ſujet, ſans beaucoup d'vtilité pour ſa Majeſté ny pour le public, mais au contraire ont produit quantité de vexations, par la malice d'aucuns de ceux qui ont eſté prépoſez à ladite Recherche, & des Procureurs, & autres Officiers Subalternes, leſquels ont fait tant de chicannes, que ſouuent il s'eſt rencontré qu'aprés vn ſejour de huict ou dix mois des veritables Gentils-hommes à la ſuitte deſdites Cours, enfin ils ont eſté declarez tels, mais en payant des eſpices & autres frais ſi exceſſifs, qu'ils en ont eſté fort incommodez, contre l'intention de ſa Majeſté, laquelle pour y remedier,

B

se seroit trouué obligée de donner Arrest en son Conseil
le premier iour de Iuin dernier, pour surséoir ladite Recherche, iusques à ce que par Elle il en fut autrement ordonné. Depuis lequel temps, Sa Majesté s'estant fait in-
former des abus qui auoient donné lieu à ladite surséance,
& des moyens qu'il y auroit pour les faire cesser, en chan-
geant la forme de l'execution desdites Declarations; Elle
auroit jugé à propos de faire faire sans frais, la representa-
tion des Titres dans chacune Generalité, pardeuant les
Sieurs Commissaires départis par sa Majesté, ausquels elle
ordonneroit d'y trauailler diligemment & exactement,
sans pour ce faire souffrir aucun prejudice aux veritables
Gentils-hommes; Sa Majesté voulant que pour les distin-
guer des Vsurpateurs, il soit fait vn Catalogue, contenant
les noms, surnoms, Armes & demeures desdits Gentils-
hommes, pour estre registré dans les Bailliages, & y auoir
recours à l'aduenir: Lequel ordre a esté reconnu si raison-
nable & necessaire, que les Estats de la Prouince de Bourgogne l'ont ainsi demandé par leur dernier Cahier pre-
senté à sa Majesté, qui leur a esté accordé. Et voulant
pouruoir à ce que ladite Recherche des Vsurpateurs soit
faite dans toutes les Prouinces de ce Royaume, nonobstant
la surséance portée par ledit Arrest du Conseil du premier
Iuin dernier, aux conditions cy-aprés expliquées; Ouy
le rapport du Sieur COLBERT, Conseiller au Conseil
Royal, & Controlleur General des Finances.

I.

SA MAIESTE' ESTANT EN SON CONSEIL,
A leué & osté la surséance de la Recherche des Vsurpateurs
du Titre de Noblesse, portée par ledit Arrest du premier
Iuin dernier: Et en consequence, Ordonne sa Majesté,

que par les Sieurs Commissaires par Elle départis en ses
Prouinces, il sera procedé à la continuation de ladite Recherche, auquel effect ils feront assigner és Villes de leur
residence ordinaire, ou en chacune Ellection, les veritables
Gentils-hommes, & les pretendus Vsurpateurs, pour representer leurs Titres, mesme les Arrests rendus, tant au
Conseil, Requestes de l'Hostel, Cours des Aydes, qu'autres
Iurisdictions, & les Pieces sur lesquelles ils ont esté rendus
en faueur de quelques particuliers declarez Nobles, pour
estre le tout communiqué à ceux qui seront preposez par
sa Majesté à la poursuitte de ladite Recheche ; laquelle
verification de Titres sera promptement & exactement
faite par lesdits Sieurs Commissaires.

II.

VOVLANT sa Majesté que ceux qui se trouueront
suffisans pour la justification de la Noblesse desdits Gentils-
hommes, leurs soient incontinent rendus & sans frais.

III.

ET quant à ceux desdits pretendus Vsurpateurs qui
soustiendront leur Noblesse, & laquelle neantmoins sera
contestée par lesdits preposez, ils seront retenus pour estre
enuoyez és mains de Me François Rozée, Greffier des
Commissions extraordinaires, commis par sa Majesté pour
trauailler sous les Sieurs Commissaires par Elle deputez
audit Conseil, pour examiner & faire rapport des Procez
verbaux desdits Sieurs Commissaires départis, contenant
les contestations des parties.

IV.

ET quant aux Arrests de maintenuës, obtenus par quelques particuliers, lesdits Commissaires départis, aprés les
auoir communiquez aux Preposez à ladite Recherche,

B ij

enfemble les Pieces fur lefquelles ils ont efté rendus, il en
fera pareillement dreffé des Procez verbaux en cas de conteftations, pour eftre enuoyez au Confeil, auec l'Aduis
defdits Sieurs Commiffaires, qui contiendront ce qu'ils
eftimeront deuoir eftre payé pour l'amende, en cas que
les particuliers fuccombent & foient declarez Roturiers,
pour fur le tout ordonner par ledit Confeil ce que de
raifon.

V.

ET pour éuiter les frais des Voyages de ceux qui feroient
obligez de venir à la fuitte du Confeil pour l'inftruction
& jugement de leurs affaires : SA MAJESTE' donne
pouuoir aufdits Sieurs Commiffaires départis aux Prouinces, de juger difinitiuement, tant ceux qui fe laifferont
contumacer, que ceux qui fe défifteront du Titre de Nobleffe, lefquels feront par eux condamnez à telle amende
qu'ils arbitreront, eû efgard à leurs facultez, ou au benefice
qu'ils auront eu de leur vfurpation, & aux deux fols pour
liure de peine comminatoire, s'ils le jugent à propos.

VI.

DECLARANT fa Majefté, que ceux qui feront ainfi
jugez par lefdits Sieurs Commiffaires, ne fe pourront
pouruoir contre leurs Iugemens, ailleurs qu'audit Confeil, & fix mois aprés la fignification d'iceux à perfonne
ou domicile, lequel temps paffé, ils n'y feront plus receus ; & cependant feront lefdits Iugemens executez par
prouifion.

VII.

ORDONNE fa Majefté, que fur deux Extraicts de
Contracts, ou autres Actes faits en Iuftice ou pardeuant
Notaire, de quelque qualité qu'ils foient, ou vn feul de
Partage, Donation, Teftament, & Contract de mariage,
où les parties contractantes auront figné & pris indeuë-

ment la Qualité de Cheualier ou d'Efcuyer, ils feront
condamnez comme Vfurpateurs, fuiuant lefdites Declarations, & Reglemens de la Cour des Aydes de Paris, faits
en execution d'icelles.

VIII.

ET pour auoir vne plus ample preuue de ceux qui ont
vfurpé ladite Qualité ; ORDONNE fa Majefté, que tous
Notaires & Greffiers feront tenus de donner la communication de tous leurs Regiftres, Protocolles & Minuttes,
aux Prepofez à ladite recherche, à la premiere fommation
qui leur fera faite, & de leur déliurer les Extraicts qui feront
par eux demandez, en leur payant trois fols pour chacun,
fans que lefdits Greffiers & Notaires en puiffent cacher
aucun, à peine de Trois cens liures d'amende, qui fera
payée fans déport, en vertu des Ordonnances defdits Sieurs
Commiffaires départis.

IX.

SERONT declarez Vfurpateurs, ceux qui par leur authorité fe font fait mettre au nombre des exempts dans
les Rolles des Tailles, & qui auront pris la qualité de
Cheualier ou d'Efcuyer par vn feul autre Acte figné d'eux,
lequel auec vn extraict du Rolle des Tailles, fuffiront pour
eftre conuaincus d'vfurpation.

X.

LES Veuves & Enfans des pretendus Vfurpateurs, feront
tenus de declarer pardeuant lefdits Sieurs Commiffaires
départis, quinzaine aprés la fignification qui leur fera faite
de leur Ordonnance, s'ils entendent foûtenir la qualité de
Noble; & en cas qu'ils en foient deboutez, feront condamnez à l'amende & aux defpens, fuiuant la liquidation
qui fera faite par lefdits Sieurs Commiffaires.

XI.

Ceux qui n'eſtans point Nobles de race, & qui ſont entrez dans les Charges de la Maiſon de ſa Majeſté, couchez & employez ſur les Eſtats regiſtrez en la Cour des Aydes de Paris, depuis le mois de Iuillet 1664. & qui ont pris la qualité d'Eſcuyer auant leur reception, & aprés s'eſtre démis de leurſdites Charges, ſeront condamnez comme Vſurpateurs, s'il n'y a ordre de ſa Majeſté au contraire.

XII.

Pareillement ceux qui ont pris la qualité d'Eſcuyer auant que d'entrer dans les Charges de Maire & Eſcheuins des Villes qui jouïſſent du priuilege de Nobleſſe, ſeront auſſi condamnez comme Vſurpateurs; & de meſme ceux qui ont acquis le Priuilege, & y ont dérogé en exerçant la Charge de Procureur Poſtulant, conjointement ou ſeparement d'auec celle d'Aduocat, ou fait trafic ou autre acte dérogeant à Nobleſſe.

XIII.

Que les Officiers des Mareſchauſſées, à l'exception des Preuoſts generaux & prouinciaux, & leurs Lieutenans anciens, ſeruans prés leurs perſonnes, leſquels n'eſtans Nobles de race, & qui ont neantmoins pris la qualité d'Eſcuyer, ſeront traittez comme Vſurpateurs.

XIV.

Ordonne ſa Majeſté, que où les Prépoſez à ladite recherche donneront leur déſiſtement ſur la principale ou nouuelle production des particuliers qui ſe trouueront Nobles, ils ne ſeront condamnez aux deſpens, pourueu que leſdits déſiſtemens ſoient donnez quinzaine aprés la communication deſdites productions.

XV.

Et en cas que leſdits Prépoſez conteſtent mal à propos,

ils feront condamnez aux defpens par lefdits Commiffaires, fuiuant la liquidation qui en fera par eux faite.

XVI.

ET d'autant qu'il y a plufieurs Inftances d'infcriptions de faux pendantes és Cours des Aydes, Sa Majefté les a euoquées & euoque à elle & à fon Confeil, & icelles ren-uoyées & renuoye pardeuant lefdits Sieurs Commiffaires départis, pour les juger en dernier reffort, enfemble les infcriptions de faux qui pourront eftre formées par les parties, en execution du prefent Arreft, & ce dans les plus prochains Prefidiaux, ou auec nombre de Graduez reglé par l'Ordonnance, aufquels fa Majefté attribuë toute Cour, Iurifdiction & connoiffance; auquel effect les Greffiers & Clercs des Confeillers, & autres Officiers defdites Cours des Aydes, qui ont entre leurs mains les Pieces fur lefquelles lefdites infcriptions de faux ont efté formées, feront con-traints par corps de les fournir audit Rozée, Greffier des Commiffions extraordinaires, aprés deux fommations faites aufdits Greffiers & Clercs, à la diligence des parties intereffées.　　　　XVII.

ET afin que les veritables Gentils-hommes foient per-fuadez que la reprefentation de leurs Titres n'eft que pour leur avantage ; SA MAJESTE' Ordonne qu'à la fin de ladite Recherche, il fera fait vn catalogue contenant les noms, furnoms, Armes & demeures defdits veritables Gentils-hommes, pour eftre regiftré en chacun Bailliage, & y auoir recours à l'avenir.

XVIII.

ORDONNE en outre fa Majefté, que fur toutes les condemnations qui feront faites contre lefdits Vfurpateurs, par le Confeil, ou par lefdits Sieurs Commiffaires départis, meſme ſur les Arreſts des Cours des Aydes cy-deuant rendus ; Il ſera expedié des Rolles audit Conſeil , ſur les Aduis deſdits Sieurs Commiſſaires départis ; en vertu deſquels Rolles, le Treſorier des reuenus caſuels déliurera ſes Quittances à ceux & ainſi qu'il luy ſera ordonné par ſa Majeſté, leſquelles Quittances ſeront controllées au Controlle general des Finances ; Faiſant deffenſes aux Particuliers condamnez, de payer ſur autre acquit, à peine de payer deux fois.

XIX.

ET ſera le preſent Arreſt executé nonobſtant oppoſitions ou appellations quelconques ; Dont ſi aucunes interuiennent, Sa Majeſté s'eſt reſerué la connoiſſance en ſondit Conſeil , & icelle expreſſément interdite & deffenduë à toutes ſes Cours des Aydes , & autres Iuges, à peine de nullité, & de caſſation de tout ce qui ſera fait & ordonné au contraire. FAIT au Conſeil d'Eſtat du Roy , Sa Majeſté y eſtant , Tenu à Saint Germain en Laye le vingt-deuxiéme iour de Mars mil ſix cens ſoixante-ſix. Signé , DE GVENEGAVD.

LOVIS PAR LA GRACE DE DIEV, ROY DE FRANCE & DE NAVARRE: A nos amez & feaux les Sieurs d'Aligre, de Vertamont, de Séve, de Meſgrigny, de la Foſſe, de la Marguerie & Puſſort, Conſeillers ordinaires en nos Conſeils ; Colbert, Conſeiller en noſtre Conſeil Royal, & Controlleur general de nos Finances ; Marin & Hotman, Intendans deſdites Finances ; Beſnard, Roüillé, Barillon & de Pommereu, Maiſtres des Requeſtes ordinaires de noſtre Hoſtel, Salut. AYANT par Arreſt de noſtre

noftre Confeil du vingt-deuxiéme iour de Mars dernier,
dont coppie collationnée eft cy-attachée fous le contre-
fcel de noftre Chancellerie , leué & ofté la furféance
portée par celuy du premier Iuin 1665. pour la Recherche
des Vfurpateurs du Titre de Nobleffe, & ordonné qu'elle
feroit continuée pardeuant les Commiffaires qui feroient
à ce par nous deputez , mefme pour reuoir les Arrefts de
maintenuës , & nous donner fur ce leur aduis ; lefquels
feroient enuoyez , auec leurs Procez verbaux & pieces y
énoncées , és mains de Mᵉ François Rozée, Greffier des
Commiffions extraordinaires, par nous commis pour trauailler fous vous. Et voulant que ledit Arreft foit par vous
executé, non feulement pour receuoir les Procez verbaux
& Aduis des Commiffaires départis en nos Prouinces,
mais particulierement pour la Recherche qui fera faite par
vos ordres en la Generalité de Paris , à l'exception de la
Ville & Faux-bourgs de Paris : A CES CAVSES,
bien informé de vos capacitez , experiences & fidelitez à
noftre feruice ; NOVS Vous auons commis & commettons par ces Prefentes fignées de noftre main , pour
trauailler à l'execution dudit Arreft de noftre Confeil du
vingt-deuxiéme Mars dernier, en ladite Generalité de Paris,
auec pouuoir de juger difinitiuement ceux qui fe laifferont
contumacer , & les Vfurpateurs qui fe départiront du Titre
de Nobleffe ; Et en cas d'infcription de faux , vous les
pourrez renuoyer aux Requeftes de noftre Hoftel, pour y
eftre inftruites & jugées en dernier reffort : Et quant à ceux
qui voudront fouftenir la qualité de Noble , laquelle fera
conteftée par les Prepofez à ladite recherche , il en fera
dreffé par l'vn de vous des Procez verbaux contenant les
dires & conteftations des parties , pour en faire voftre

C

rapport en noſtredit Conſeil, & pareillement des Procez verbaux & Aduis qui feront enuoyez par les Commiſſaires par nous départis en noſdites Prouinces. VOVLONS que ce qui ſera par vous ordonné, ſoit executé par prouiſion nonobſtant oppoſitions ou appellations quelconques, & ſans prejudice d'icelles; Et en cas qu'il en interuienne, Nous nous en reſeruons la connoiſſance en noſtredit Conſeil, & l'interdiſons à nos Cours des Aydes & autres Iuges, à peine de nullité & de caſſation de tout ce qui ſera fait au contraire. COMMANDONS au premier noſtre Huiſſier ou Sergent ſur ce requis, de faire pour l'entiere execution, tant de vos Iugemens & Ordonnances, que des Arreſts de noſtredit Conſeil, qui feront rendus à voſtre rapport, Tous Exploits & Contraintes neceſſaires, nonobſtant clameur de Haro, Chartre Normande, priſe à partie, & Lettres à ce contraires, auſquelles nous auons expreſſément dérogé. ENJOIGNONS à tous nos Gouuerneurs, Magiſtrats & Preuoſts de nos Couſins les Mareſchaux, de preſter main-forte ſi beſoin eſt. VOVLONS que foy ſoit adjouſtée aux coppies dudit Arreſt & des Preſentes, collationnées par l'vn de nos amez & feaux Conſeillers & Secretaires, comme aux Originaux; De ce faire vous donnons pouuoir & mandement ſpecial: CAR tel eſt noſtre plaiſir. DONNE' à Saint Germain en Laye le quatorziéme iour de May, l'An de grace mil ſix cens ſoixante-ſix, & de noſtre Regne le vingt-troiſiéme. Signé LOVIS: Et plus bas, Par le Roy, DE GVENEGAVD. Et ſcellé du grand Sceau de cire jaune.

Collationné aux Originaux, par moy Conſeiller Secretaire du Roy, & de ſes Finances.

ARREST DV CONSEIL D'ESTAT,
Du vingt-deuxième Avril 1666.

Portant que sur les Rolles qui seront arrestez au Conseil, le Sieur de Bartillat expediera ses Quittances.

Extraict des Registres du Conseil d'Estat.

LE ROY Ayant par Arrest de son Conseil, du vingt-deuxième iour de Mars dernier, entre autres choses ordonné, que le Recouurement des Amendes qui seroient adjugées contre les Vsurpateurs du Titre de Noblesse, seroit fait sur les Quittances du Tresorier des Reuenus casuels. Et depuis, Sa Majesté considerant qu'il estoit plus à propos que ce fut sur celles du Garde du Tresor Royal, pour l'acceleration dudit Recouurement ; Ouy le rapport du Sieur MARIN, Intendant des Finances : SA MAIESTE' EN SON CONSEIL, A Ordonné & ordonne, Que suiuant les Rolles qui seront arrestez en iceluy, sur les Aduis des Sieurs Commissaires deputez par sa Majesté pour la Recherche desdits Vsurpateurs, Me Estienne Iehannot Sieur de Bartillat, Garde du Tresor Royal, expediera ses Quittances, qui seront controllées au Controlle general des Finances, pour déliurer à ceux qui seront chargez par sa Majesté dudit Recouurement, en faisant leurs promesses d'en rapporter les Ampliations en bonne forme dans deux ans, & de faire les payemens

C ij

audit Sieur de Bartillat dans les termes ſtipulez par les
Reſultats dudit Conſeil, à peine d'y eſtre contraints comme
il eſt accouſtumé pour les deniers & affaires de ſa Majeſté,
ſuiuant les ſubmiſſions qu'ils feront au pied deſdits Reſultats. FAIT au Conſeil d'Eſtat du Roy, Tenu à Paris
le vingt-deuxiéme iour d'Avril mil ſix cens ſoixante-ſix.
Signé, BERRYER.

Collationné à l'Original , par moy Conſeiller
Secretaire du Roy, & de ſes Finances.

ARREST DV CONSEIL D'ESTAT,

Du vingt-neufiéme Juillet 1666.

Qui commet Me Seraphin Teftu, au Recouurement des Amendes aufquelles les Vfurpateurs du Titre de No-bleffe ont efté ou feront condamnez.

Extraict des Regiftres du Confeil d'Eftat.

LE ROY Ayant chargé diuers Particuliers, de la Recherche des Vfurpateurs du Titre de Nobleffe, & du Recouurement des Amendes qui ont efté & feront contr'eux adjugées ; Et voulant pour éuiter confufion, qu'il n'y ait qu'vne feule perfonne qui retire les Quittances du Garde du Trefor Royal, pour en faire charger ceux qui ont fait leurs fubmiffions au Greffe du Confeil, receuoir les Deniers de leurs manimens, & retirer les Ampliations des Quittances dudit Garde du Trefor Royal : Oüy le rapport du Sieur COLBERT, Confeiller audit Confeil Royal, & Controlleur general des Finances. SA MAIESTE' EN SON CONSEIL, A Ordonné & ordonne à Me Eftienne Iehannot Sieur de Bartillat, de déliurer à Me Seraphin Teftu fes Quittances, fuiuant les Rolles qui feront arreftez audit Confeil, pour le Recouurement des Amendes aufquelles lefdits Vfurpateurs du Titre de Nobleffe ont efté ou pourront eftre cy-aprés condamnez, en fourniffant par ledit Teftu audit Sieur de Bartillat, fes Recepiffez portant promeffe de luy payer les sommes contenuës en ses Quittances, tant en deniers qu'en ses Recepissez ou de ses Commis : Lesquelles Quittances seront déliurées par ledit Testu à ceux dénommez dans les Resultats du Conseil, qui luy en fourniront des coppies collationnées, & de leurs submissions & Actes de cautionnement, contenant leurs ellections de domiciles, auec leurs Recepissez portant promesse de compter des sommes contenuës esdites Quittances, aux conditions stipulées par lesdits Resultats, suiuant lesquels lesdits Particuliers seront chacun à son esgard, contraints comme pour deniers Royaux, à la diligence dudit Testu, tant pour le payement de leurs Forfaits, que de l'excedant d'iceux, aux termes & conditions portées par lesdits Resultats ; Et pour l'execution de ce que dessus, seront toutes Ordonnances & autres Expeditions necessaires, fournies audit Testu. FAIT au Conseil d'Estat du Roy, Tenu à Fontainebleau le vingt-neufiéme iour de Iuillet mil six cens soixante-six. Signé, BERRYER.

Collationné à l'Original , par moy Conseiller Secretaire du Roy, & de ses Finances.

ARREST DV CONSEIL D'ESTAT,

Du seiziéme Aoust 1666.

Qui ordonne que toutes les Minuttes des Tabellions de Normandie, feront gardées en vn feul lieu.

Extraict des Regiftres du Confeil d'Eftat.

LE ROY Ayant efté aduerty par les Sieurs Commiffaires départis en la Prouince de Normandie, qu'il fe commet vn abus confiderable par les Heritiers des Tabellions ; lefquels au lieu de garder leurs Minuttes en vn feul endroit, les partagent entr'eux, de forte que quand on a befoin de quelques Expeditions pour fa Majefté, ou pour les Particuliers, il faut aller en dix ou douze endroits, & le plus fouuent on ne trouue pas ce que l'on cherche, eftant perdu ou caché artificieufement, d'où il arriue plufieurs inconueniens. A quoy eftant neceffaire de pouruoir : SA MAIESTE' EN SON CONSEIL, A Ordonné & ordonne, Que de toutes les Minuttes des Tabellions de Normandie, il fera par eux ou leurs Heritiers fait Regiftres & Protocoles, & lefdites Minuttes gardées en vn feul lieu, pour y eftre foigneufement conferuées : Faifant fa Majefté deffenfes aufdits Heritiers de partager lefdites Minuttes, ny d'en fouftraire aucunes, à peine de mil liures d'amende. ENJOINT fa Majefté aux Lieutenans Generaux & Vicomtes, d'y tenir la main, à peine de refpondre en leurs propres & priuez noms , des dommages & interefts des parties. Et fera le prefent Arreft fignifié à qui il appartiendra , à la diligence des Procureurs de fa Majefté és Bailliages & Vicomtez de ladite Prouince de Normandie, fur les mefmes peines. F A I T au Confeil d'Eftat du Roy, Tenu à Fontaine-bleau le feiziéme iour d'Aouft mil fix cens foixante-fix. Signé, B E R R Y E R.

Collationné à l'Original , par moy Confeiller Secretaire du Roy, & de fes Finances.

ARREST DV CONSEIL D'ESTAT,
Du deuxiéme Septembre 1666.

PAR lequel il eſt ordonné, Que tous les Exploits qui
ſeront faits aux pretendus Vſurpateurs, ſeront faits à
leurs perſonnes, ou à leur vray domicile, &c.

Extraict des Regiſtres du Conſeil d'Eſtat.

LE ROY Voulant éuiter toutes ſurpriſes en
la Recherche des Vſurpateurs du Tiltre de
Nobleſſe, afin que les Particuliers inquietez,
ſoient ſuffiſamment aduertis, & n'ayent aucun pretexte legitime de ſe plaindre des Iugemens qui
pourront eſtre rendus contre eux : SA MAIESTE'
EN SON CONSEIL, A Ordonné & or-
donne, Que tous les Exploits qui ſeront faits auſdits
pretendus Vſurpateurs du Tiltre de Nobleſſe, ſeront
faits en parlant à leurs perſonnes, ou à leur veritable
domicile, où ils feront leur demeure actuelle : Que
dans les Coppies, auſſi bien que dans les Originaux,
ceux à qui les Huiſſiers & Sergens parleront, & les
teſmoins qui les aſſiſteront, ſeront dénommez par
noms & ſurnoms, à peine de nullité, & de reſpondre
par les Commis & Prépoſez à ladite Recherche, de

tous despens , dommages & interests des parties.
FAIT au Conseil d'Estat du Roy , Tenu à Paris le
deuxiéme iour de Septembre mil six cens soixante-six.
Signé, BERRYER.

*Collationné à l'Original , par moy Conseiller
Secretaire du Roy, & de ses Finances.*

LETTRES PATENTES DV ROY,
Du vingtiéme Septembre 1666.

Par lesquelles sa Majesté cõmet le Sieur Foucault, Procureur general és Requestes de son Hostel & Chancelleries, pour son Procureur en la Cõmission de la recherche des Vsurpateurs du tiltre de Noblesse.

LOVIS par la grace de Dieu, Roy de France & de Nauarre ; A nostre amé & feal Conseiller, nostre Procureur General és Requestes de nostre Hostel & Chancelleries de France, le Sieur FOUCAULT, Salut. PAR Arrest rendu en nostre Conseil d'Estat, Nous y séant, le vingt-deuxiéme Mars dernier, & pour les considerations y contenuës, Nous aurions entr'autres choses ordonné, que la surséance portée par autre Arrest de nostre Conseil du premier Iuin precedent, pour la Recherche des Vsurpateurs du Tiltre de Noblesse, demeureroit leuée & ostée, & ordonné qu'elle seroit continuée pardeuant les Commissaires qui seroient à ce par nous deputez, mesme pour reuoir les Arrests de maintenuës, & nous donner sur ce leur Aduis : En consequence dequoy, Nous aurions par nos Lettres du quatorziéme May ensuiuant, commis & deputé aucuns des principaux Officiers de nostre Conseil, pour receuoir les Procez verbaux & Aduis des Commissaires par nous départis dans nos Prouinces, & particulierement pour la Recherche que nous auons ordonnée estre faite en la Generalité de Paris, à l'exception de la Ville & Faux-bourgs d'icelle, auec pouuoir en cas d'inscription de faux, de les renuoyer aux Requestes de nostre Hostel, pour y estre instruites & jugées en dernier ressort. Et d'autant que les affaires qui se traittent en ladite Commission, regardent l'estat des Familles, & le soulagement de nos Subjets, & que les questions de Noblesse ont tousjours esté traittées auec nos Procureurs Generaux ou leurs Substituts, comme parties necessaires pour nostre interest & celuy du Public. A CES CAVSES, & à plain confians de vostre capacité, integrité & fidelité à nostre seruice ; DE l'Aduis de nostre Conseil, qui a veu ledit Arrest rendu en iceluy le vingt-deuxiéme Mars dernier, & Commission expediée en consequence le quatorziéme May ensuiuant, dont coppies deuëment collationnées sont cy-attachées sous le contre-scel de nostre Chancellerie, & de nostre certaine science, plaine puissance & authorité Royale; NOVS VOVS Auons commis, ordonné & deputé, & par ces Presentes signées de nostre main, Commettons, ordonnons & députons pour nostre Procureur en ladite Commission ; Et à cét effet, Voulons & Nous plaist que vous ayez à prendre communication de toutes les affaires & Instances tant ciuiles que criminelles, meuës & à mouuoir en ladite Commission, circonstances & dépendances d'icelles ; Prendre sur icelles pour Nous & le Public, telles conclusions qu'il appartiendra: Comme aussi que lesdites Instances soient instruites à vostre requeste, poursuite & diligence des Commis préposez par nous à ladite Recherche ; De ce faire vous donnons pouuoir. MANDONS à nosdits Commissaires generaux de nostre Conseil à ce deputez, de Vous reconnoistre & faire reconnoistre en ladite qualité de nostre Procureur en ladite Commission, par tout où il appartiendra : CAR tel est nostre plaisir. DONNE' à Vincennes le vingtiéme iour de Septembre, l'An de grace mil six cens soixante-six, & de nostre Regne le vingt-quatriéme. Signé LOVIS : Et plus bas, Par le Roy, DE GUENEGAUD. Et scellé.

Collationné à l'Original, par moy Conseiller Secretaire du Roy, & de ses Finances.

ARREST DV CONSEIL D'ESTAT,

Du vingt-troifiéme Septembre 1666.

Portant que tous Notaires, Greffiers, & autres Perſonnes publiques, repreſenteront auſdits Prépoſez, leurs Minuttes, Regiſtres & Protocolles, &c.

Extraict des Regiſtres du Conſeil d'Eſtat.

SVR ce qui a eſté repreſenté au Roy eſtant en ſon Conſeil, par les Prépoſez à la recherche des Vſurpateurs du Tiltre de Nobleſſe; Qu'encore que par pluſieurs Arreſts & Reglemens, il ait eſté ordonné aux Notaires, Greffiers, & autres perſonnes publiques, de leur repreſenter leurs Regiſtres, Minuttes & Protocolles, pour prendre des Extraicts de tous les Contracts auſquels les parties ont pris qualité de Cheualier, d'Eſcuyer & autres, ſeruans à faire ſouche de Nobleſſe: Neantmoins leſdits Notaires, Greffiers & autres, font difficulté d'obeïr, quoy qu'on leur offre le ſalaire reglé par Arreſt dudit Conſeil du vingt-deuxiéme iour de Mars dernier. LE ROY EN SON CONSEIL, A Ordonné & ordonne à tous Notaires, Greffiers, & autres perſonnes publiques, de repreſenter auſdits Prépoſez à la Recherche deſdits Vſurpateurs du Tiltre de Nobleſſe, leurs Minuttes, Regiſtres & Protocolles, & de leur déliurer des Extraicts ſommaires, contenans les noms & ſurnoms des parties contractantes, auec les qualitez par eux priſes, pour chacun deſquels il leur ſera payé trois ſols, ſuiuant ledit Arreſt

D

du vingt-deuxiéme Mars dernier ; & en cas de refus,
feront les contreuenans contraints en Trois cens liures
d'amende, payable fans déport, aprés les Procez verbaux
rapportez aux Sieurs Commiffaires deputez par fa Majefté,
& les Ordonnances qui feront fur ce par eux expediées,
lefquelles feront executées nonobftant oppofitions ou
appellations quelconques. Et afin que lefdits Notaires,
Greffiers, & autres perfonnes publiques, ne puiffent cacher
ny receler aucuns defdits Contracts ; ORDONNE fa
Majefté, qu'au pied d'vn Eftat des extraicts qu'ils déliureront, ils certifieront & affirmeront pardeuant les Iuges
des lieux, qu'ils n'en ont point d'autres : Pour la façon
defquels Eftats, lefdits Prépofez à la Recherche leur payeront Six fols pour chacun rolle, fans qu'on puiffe exiger
d'eux plus grand droict, à peine de concuffion. FAIT au
Confeil d'Eftat du Roy, Tenu à Paris le vingt-troifiéme
iour de Septembre mil fix cens foixante-fix.

Signé, BERRYER.

Collationné à l'Original, par moy Confeiller
Secretaire du Roy, & de fes Finances.

ARREST DV CONSEIL D'ESTAT,

Du trentiéme Septembre 1666.

Pour proceder aux Infcriptions de faux, &c.

Extraict des Regiftres du Confeil d'Eftat.

LE ROY Ayant en confequence de l'Arreft de fon Confeil du vingt-deuxiéme iour de Mars dernier, fait expedier vne Commiffion le quatorziéme iour de May enfuiuant, à aucuns des principaux Officiers dudit Confeil, pour inftruire & faire rapport des affaires concernant les Vfurpateurs du Titre de Nobleffe de la Generalité de Paris, & des Procez verbaux & Aduis des Commiffaires départis par fa Majefté dans fes Prouinces, auec ordre de renuoyer les infcriptions de faux aux Requeftes de l'Hoftel, pour y eftre inftruites & jugées en dernier reffort. A quoy s'eftant trouué plufieurs inconueniens, capables non feulement de retarder, mais de ruïner ladite Recherche, fi neceffaire au bien du feruice de fa Majefté, à l'aduantage de la veritable Nobleffe, & au foulagement des Taillables ; Sa Majefté aprés s'eftre informée des moyens les plus propres pour accelerer le Iugement defdites infcriptions de faux : SA MAIESTE' EN SON CONSEIL, A Ordonné & ordonne, Que par lefdits Sieurs Commiffaires Generaux deputez par fa Majefté, par fes Lettres Patentes du quatorziéme iour de May dernier ; Il fera procedé à l'inftruction des infcriptions de faux qui ont efté ou pourront eftre cy-aprés faites contre

D ij

les Tiltres & autres pieces produites par les parties , tant pour la Recherche defdits Vfurpateurs en la Generalité de Paris , que pour les infcriptions qui feront faites, aprés les Aduis enuoyez des Prouinces par les Sieurs Commiffaires départis en icelles , pour au rapport defdits Sieurs Commiffaires Generaux audit Confeil , y eftre lefdites infcriptions jugées , s'il y efchet : Et neantmoins en cas qu'il foit jugé neceffaire d'en pourfuiure extraordinairement le crime de faux; SA MAJESTE' ordonne qu'aprés l'information faite par lefdits Sieurs Commiffaires Generaux , & le Decret par eux decerné , les parties feront renuoyées aux Requeftes de l'Hoftel , pour proceder contre les accufez & complices des fauffetez , à l'inftruction de leurs Procez , & au jugement d'iceux en dernier reffort; auquel effet fa Majefté en a attribué & attribuë la connoiffance aufdites Requeftes de l'Hoftel , icelle interdite & deffenduë à tous autres Iuges : Et pour l'execution du prefent Arreft, feront toutes Lettres neceffaires expediées. FAIT au Confeil d'Eftat du Roy , Tenu à Paris le trenriéme iour de Septembre mil fix cens foixante-fix. Signé , BERRYER.

Collationné à l'Original , par moy Confeiller Secretaire du Roy, & de fes Finances.

ARREST DV CONSEIL D'ESTAT DV ROY,

Sa Majeste' y estant,

Du quatorziéme Octobre 1666.

Qui nomme & départ Messieurs les Commissaires en deux Bureaux, &c.

Extraict des Registres du Conseil d'Estat.

LE ROY estant en son Conseil, s'estant fait repre-senter l'Arrest rendu en iceluy le 22. Mars dernier, portant entr'autres choses, que la recherche des Vsurpa-teurs du Tiltre de Noblesse, seroit continüée pardeuant les Commissaires qui seroient à ce deputez par sa Majesté, auec pouuoir de reuoir les Arrests de maintenuë, & donner au Roy sur ce leur Aduis; Ensemble la Commission expe-diée en consequence le 14. May ensuiuant, par laquelle les Sieurs d'Aligre, de Vertamont, de Séve, de Mesgrigny, Colbert, de Breteüil, la Fosse, de la Marguerie, Pussort, Marin, Hotman, Bénard, Roüillé, Barillon & de Pom-mereu, auroient esté commis pour l'execution dudit Arrest en la Generalité de Paris, dresser leurs Procez verbaux des Tiltres qui leur seroient representez, & contestations des parties, & de tout faire leur rapport au Conseil, comme aussi des Procez verbaux & Aduis qui seroient enuoyez par les Commissaires départis dans les Prouinces : Et veu les Lettres Patentes du 20. Septembre dernier, portant Com-mission au Sieur Foucault, Procureur general des Requestes de l'Hoſtel, de ſon Procureur au faict de ladite Recherche. Et ſa Majeſté voulant pouruoir à l'expedition des Procez & differents dépendans de ladite Commiſſion, & empeſcher que les Familles ne ſouffrent aucun prejudice d'vne trop longue ſuſpenſion de leur eſtat; Oüy le rapport du Sieur COLBERT, Conſeiller ordinaire du Roy en ſes Conſeils & en ſon Conſeil Royal, Controlleur general des Finances de France, Et tout conſideré : LE ROY ESTANT EN SON CONSEIL, A Ordonné & ordonne, Que les Sieurs de Machault, Boucherat, Heruart, Conſeillers d'Eſtat, la Reynie & Dorieux, Maiſtres des Requeſtes ordinaires de de l'Hoſtel du Roy, ſeront & demeureront joints à ladite Commiſſion du 14. May dernier, aux meſmes pouuoirs & fonctions portées par icelle; & qu'en conſequence leſdits Sieurs Commiſſaires s'aſſembleront en meſme maiſon, ou en maiſon ſeparée, à certains jours & heures reglées, ainſi qu'il ſera arreſté, & trauailleront à la viſite des Tiltres, Procez verbaux & pieces qui leur ſeront repreſentées, concernant la Recherche des Vſurpateurs de Nobleſſe, en deux Bureaux, dans l'vn deſquels les Sieurs de Machault, de Meſgrigny, de la Marguerie, Boucherat, de Breteüil, Heruart, Hotman, de Pommereu, Barillon & de la Reynie, prendront ſéance, & dans l'autre les Sieurs d'Aligre, de Vertamont, de Séve, Colbert, de la Foſſe, Puſſort, Marin, Bénard, Roüillé & Dorieux, ſinon en cas de reglement ou difficultez importantes, ſur leſquelles ils pourront s'aſſembler pour y déliberer & les reſoudre conjointement, & qu'à cét effet leſdits Procez verbaux, Tiltres & pieces ſeront diſtribuées à chacun deſdits Sieurs Commiſſaires par Eſlections particulieres, par Mr le Chancelier, ou par Generalitez, à l'eſgard des Procez verbaux & Aduis qui ſeront enuoyez

par les Commissaires départis en icelles ; Pour les Procez des
Éslections de la Generalité de Paris , ensemble les Procez
verbaux des autres Generalitez , communiquez audit Procureur de sa Majesté , prendre par luy sur le tout telles conclusions qu'il aduisera , & à cét effet toutes Commissions
seront expediées. FAIT au Conseil d'Estat du Roy , Sa
Majesté y estant, Tenu à Vincennes le quatorziéme iour
d'Octobre mil six cens soixante-six.

Signé, DE GVENEGAVD.

ARREST DV CONSEIL D'ESTAT,

Du quatorziéme Octobre 1666.

Qui ordonne , qu'outre l'Amende en laquelle les Vsurpateurs seront condamnez , ils payeront deux sols
pour liure d'icelle, &c.

Extraict des Regiſtres du Conseil d'Eſtat.

SVR Ce qui a esté representé au Roy en son Conseil,
par les Préposez à la poursuitte & recherche des Vsurpateurs du Tiltre de Noblesse ; Que par Arrest dudit
Conseil du vingt-deuxiéme iour de Mars dernier , il est
porté que ceux qui seront declarez Vsurpateurs , payeront
outre l'amende , les deux sols pour liure , si les Sieurs
Commissaires députez par sa Majesté , le jugent à propos :
Mais comme lesdits Préposez se trouuent chargez de
beaucoup de frais extraordinaires , par les frequentes

inscriptions de faux qu'ils sont obligez de soustenir ; & par la recherche des pieces justificatiues de la dérogeance de plusieurs particuliers assignez, qui produisent des Tiltres apparament bons, s'ils n'estoient contredits ; Il est juste d'adjuger diffinitiuement lesdits deux sols pour liure ausdits Préposez, lesquels moyennant ce, porteront les frais extraordinaires qui leur seront ordonnez par lesdits Sieurs Commissaires, sans toutefois qu'il en soit rendu raison ailleurs que pardeuant eux. A quoy estant necessaire de pouruoir; Oüy le rapport du Sieur MARIN, Intendant des Finances, Et tout consideré. LE ROY EN SON CONSEIL, A Ordonné & ordonne, Qu'outre l'amende à laquelle les Vsurpateurs du Tiltre de Noblesse seront condamnez, ils payeront aux Porteurs des Quittances du Tresor Royal, les deux sols pour liure, sans qu'ils soient obligez d'en compter ny en rendre raison qu'aux Commissaires deputez pour ladite recherche, ausquels sa Majesté enjoint de tenir la main à l'execution du present Arrest. FAIT au Conseil d'Estat du Roy, Tenu à Paris le quatorziéme iour d'Octobre mil six cens soixante-six. Signé, BECHAMEIL.

Collationné aux Originaux, par moy Conseiller Secretaire du Roy, & de ses Finances.

ARREST DV CONSEIL D'ESTAT,

Du huictiéme Nouembre 1666.

Portant que les Annoblis reuoquez, & les Officiers Priuilegez dont les Priuileges ont esté reuoquez, seront
cottisez d'office par les Sieurs Commissaires départis, &c.

Extraict des Regiſtres du Conseil d'Eſtat.

SVR Ce qui a esté representé au Roy en son Conseil;
Que depuis la Recherche commencée des Vsurpateurs
du Titre de Noblesse, & la reuocation des Lettres
d'annoblissement accordées à aucuns Particuliers de la
Prouince de Normandie, depuis le premier Ianuier 1630.
& des Priuileges de quelques Officiers; La pluspart de ceux
compris ausdites Recherches & reuocations, prévoyans
qu'ils pourroient estre compris aux Rolles des Tailles, se
sont retirez dans des Villes franches, & par ce moyen
pretendent éluder l'avantage que les contribuables ausdites
Tailles deuroient receuoir de la reformation des abus qui
causoient les indeuës exemptions dont jouïssoient lesdits
Vsurpateurs, les Annoblis, & les Officiers priuilegez.
A quoy estant necessaire de pouruoir; Oüy le rapport du
Sieur MARIN, Conseiller ordinaire audit Conseil, &
Intendant des Finances : LE ROY EN SON
CONSEIL, A Ordonné & ordonne, Que les Particuliers qui ont esté assignez pour estre declarez Vsurpateurs
du Titre de Noblesse, les Annoblis reuoquez par Decla-
ration du mois d'Aoust 1664. & les Officiers priuilegez

dont les Priuileges ont esté reuoquez, & lesquels se sont retirez dans les Villes franches depuis le mois de Février 1661. que ladite Recherche a commencé; Seront cottisez d'office par les Commissaires départis par sa Majesté dans ses Prouinces, à la descharge des Habitans des lieux où ils estoient actuellement demeurans, & payeront lesdites Taxes, & autres qui pourront estre sur eux faites pendant les premieres dix années qu'ils auront demeuré ausdites Villes franches, suiuant le Reglement des Tailles dudit mois d'Aoust 1664. ENJOINT Sa Majesté ausdits Sieurs Commissaires départis, & aux Officiers des Elections, de tenir la main à l'execution du present Arrest, qui sera publié aux Prosnes des Parroisses, à la diligence des Receueurs des Tailles. FAIT au Conseil d'Estat du Roy, Tenu à Saint Germain en Laye le huictiéme iour de Nouembre mil six cens soixante-six. Signé, BECHAMEIL.

Collationné à l'Original , par moy Conseiller Secretaire du Roy , & de ses Finances.

ARREST DV CONSEIL D'ESTAT DV ROY,
SA MAJESTE' Y ESTANT,
Du sixiéme Decembre 1666.

POUR la Reuocation des Priuileges des Mairies & Escheuinages.

Extraict des Regiftres du Confeil d'Eftat.

LE ROY Ayant efté informé du prejudice que fes Subjets taillables reçoiuent des Priuileges de Nobleffe cy-deuant accordez aux Maires & Efcheuins des Villes de Lyon, Bourges, Poictiers, Niort, Angoulefme, Angers, & autres, leurs Familles eftant fi fort multipliées depuis les conceffions de leurs Priuileges, que la Campagne s'en trouue à prefent remplie. Et ayant efté reprefenté à fa Majefté qu'il importe d'y donner remede ; Elle fe feroit fait reprefenter pour cét effet, le Reglement des Tailles de 1634. par lequel lefdits Priuileges auroient efté reuoquez, enfemble les Lettres de reftabliffement accordées pour des confiderations particulieres, fans auoir efté fait reflexion fur les inconueniens qui font depuis arriuez, la plufpart defdits Maires & Efcheuins fe trouuans incommodez pour auoir quitté leur negoce pour faire vne vie oifiue, qui les fera infailliblement tomber dans vne ruïne entiere : Ce qu'ayant efté confideré par fa Majefté, Elle auroit refolu d'y pouruoir, en reuoquant lefdits Priuileges pour l'avenir, fans bleffer neantmoins ceux qui les ont acquis jufqu'à prefent, en finançant vne fomme moderée au Trefor Royal, pour les confirmer en leur Nobleffe : Oüy le rapport du Sieur COLBERT, Confeiller au Confeil Royal, & Con-

E ij

trôlleur general des Finances. SA MAIESTE' ESTANT EN SON CONSEIL, A Ordonné & ordonne, Qu'il sera incessamment expedié Edict de reuocation pour l'avenir, des Priuileges de Noblesse desdits Maires & Escheuins desdites Villes de Lyon, Bourges, Poitiers, Niort, Angoulesme, Angers, & autres de ce Royaume : Et neantmoins ordonne que ceux de present en charge, & les descendans de ceux qui auoient acquis lesdits Priuileges, néz en loyal mariage, depuis le premier iour de Ianuier de l'année 1600. y seront confirmez, en payant les sommes ausquelles ils seront taxez audit Conseil, sur les Aduis des Sieurs Commissaires départis par sa Majesté en ses Prouinces. VEVT sadite Majesté, que dans le Rolle desdites Taxes, les descendans desdits Maires & Escheuins de la Rochelle & Saint Iean d'Angely y soient compris, sans qu'il soit besoin à ceux qui auront payé lesdites taxes, d'obtenir Lettres pour ladite confirmation, dont sa Majesté les a dispensez & deschargez : Et à faute de payement desdites Taxes quinzaine aprés la signification du present Arrest ; Ordonne sa Majesté, que ceux qui n'y auront satisfait, seront compris aux Rolles des Tailles, à commencer en l'année prochaine 1667. ENJOINT ausdits Sieurs Commissaires départis des Generalitez où lesdites Villes sont situées, de tenir la main à l'execution du present Arrest, nonobstant oppositions ou appellations quelconques ; Faisant sa Majesté deffenses à toutes ses Cours des Aydes & autres Iuges, d'en prendre connoissance, à peine de nullité & de cassation. FAIT au Conseil d'Estat du Roy, Sa Majesté y estant, Tenu à Saint Germain en Laye le sixiéme iour de Decembre 1666. Signé, PHELYPEAVX.

ARREST DV CONSEIL D'ESTAT,

Du seiziéme Decembre 1666.

Qui ordonne que pendant trois années, les Officiers supprimez, les Annoblis reuoquez, & ceux qui seront declarez Vsurpateurs, seront taxez d'office par les Sieurs Commissaires départis, &c,

Extraict des Registres du Conseil d'Estat.

SVR Ce qui a esté representé au Roy en son Conseil; Que depuis cinq ans sa Majesté ayant pour le soulagement de ses Subjets, supprimé plusieurs Officiers des Ellections & autres, reuoqué des Lettres de Noblesse, fait declarer diuers Particuliers, Vsurpateurs dudit Titre de Noblesse, reuoqué l'exemption de Tailles de plusieurs Officiers des Mareschaussées & du Guet, & autres, & retranché quantité d'Officiers des Maisons Royales, lesquels estoient inutiles, & neantmoins employez dans les Estats enuoyez en la Cour des Aydes de Paris : Les Collecteurs, pour vanger leurs passions particulieres, ont excessiuement taxé ceux qui estoient pourveus desdits Offices, & qui jouïssoient de l'exemption de Taille & de l'Impost du Sel ; Dont les Sieurs Commissaires départis par sa Majesté dans ses Prouinces, ayans receu plusieurs plaintes, luy en ont donné aduis, pour y apporter le remede necessaire. A quoy désirant pouruoir ; Ouy le rapport du Sieur MARIN, Intendant des Finances : SA MAIESTE'

EN SON CONSEIL, A Ordonné & ordonne,
Que pendant trois années, à commencer en la prochaine
1667. lefdits Officiers fupprimez, lefdits Annoblis reuoquez, ceux qui auront efté & feront declarez Vfurpateurs
du Titre de Nobleffe, & ceux dont les exemptions ont efté
ou pourront eftre cy-aprés reuoquées, feront taxez d'office
par lefdits Sieurs Commiffaires départis, s'ils le jugent à
ptopos : Et en cas qu'ils faffent des Taxes de cette qualité,
Fait fa Majefté deffenfes aux Collecteurs de les augmenter,
à peine de demeurer refponfables des non-valeurs en leurs
noms, & d'eftre priuez des rejets qu'ils pourroient pre-
tendre pour raifon de ce ; Sans que les Cours des Aydes
puiffent receuoir aucunes appellations defdites Taxes d'offices pendant les trois années, à peine de nullité, & contre
les parties qui s'y pouruoiront au prejudice du prefent
Arreft, de tous defpens, dommages & interefts. **Enjoint**
fa Majefté aufdits Sieurs Commiffaires, & aux Officiers
des Ellections, chacun en droict foy, de tenir la main à
l'execution de ce que deffus, & d'en faire faire la publication
aux Parroiffes, à la diligence des Receueurs des Tailles,
à ce que lefdits Collecteurs n'en pretendent caufe d'ignorance. **Fait** au Confeil d'Eftat du Roy, Tenu à Paris
le feiziéme iour de Decembre mil fix cens foixante-fix.
Signé, **Bechameil**.

Collationné à l'Original, par moy Confeiller
Secretaire du Roy, & de fes Finances.

ARREST DV CONSEIL D'ESTAT,

Du vingtiéme Decembre 1666.

Qui commet Me Seraphin Teftu, pour Greffier des Sieurs
Commiffaires deputez pour la Recherche defdits Vfur-
pateurs, en la Commiffion & Bureau du Sieur de
Machault.

Extraict des Regiftres du Confeil d'Eftat.

LE ROY Ayant par Arreft rendu en fon Confeil,
le   & pour les caufes y contenuës, ordonné l'eftabliffement de deux Bureaux,
remplis des Commiffaires de fondit Confeil , députez
par fa Majefté pour la Recherche des Vfurpateurs du Tiltre
de Nobleffe, pour accelerer dauantage les affaires, & pouruoir plus promptement aux abus fubjets aufdites recherches , & commis pour Greffier de ladite Commiffion,
Me François Rozée , lequel attendu la multiplicité des
affaires, ne peut vacquer feul aufdites deux Commiffions.
A quoy eftant neceffaire de pouruoir ; Oüy le rapport du
Sieur COLBERT, Confeiller au Confeil Royal , & Controlleur general des Finances : SA MAIESTE' EN
SON CONSEIL, A Ordonné & ordonne, Que ledit
Rozée continuera la fonction de Greffier en la Commiffion
du Sieur d'Aligre , Confeiller de fadite Majefté en fon
Confeil Royal , & Directeur de fes Finances : Et pour celle
du Sieur de Machault, Doyen de fes Confeils ; SADITE

MAJESTE' a commis & commet Me Seraphin Teſtu, és
mains duquel ledit Rozée remettra les Regiſtres, Sacs,
Tiltres, Papiers & Procedures concernant les affaires
inſtruites & jugées & à juger au Bureau du Sieur de
Machault, moyennant quoy il en ſera bien & valable-
ment deſchargé. FAIT au Conſeil d'Eſtat du Roy, Tenu
à Saint Germain en Laye le vingtiéme Decembre mil ſix
cens ſoixante-ſix. Signé, BECHAMEIL.

Collationné à l'Original, par moy Conſeïller
Secretaire du Roy, & de ſes Finances.

ARREST DV CONSEIL D'ESTAT,

Du vingt-huictiéme Decembre 1666.

Portant que les Particuliers condamnez par Deffaut ou Forclusions, seront receus à produire, en consignant.

Extraict des Registres du Conseil d'Estat.

SVR Ce qui a esté representé au Roy en son Conseil : Que par Arrest rendu en iceluy le vingt-deuxiéme iour de Mars dernier, portant que la Recherche des Vsurpateurs du Tiltre de Noblesse seroit continuée ; Il est entr'autres choses ordonné, que les Particuliers qui se laisseront condamner par deffaut, ne pourroient estre receus à produire, qu'en payant par prouision Deux mil deux cens liures, pour l'amende pour laquelle ils auroient esté compris aux Rolles arrestez audit Conseil, en consequence des Iugemens des Sieurs Commissaires establis par sa Majesté pour ladite Recherche : Mais depuis ayant esté obserué que ladite prouision ne pouuoit estre payée esgalement par tous les condamnez, s'en rencontrant plusieurs dans l'impuissance d'y satisfaire, ayant peu de bien, outre que par l'éuenement ils peuuent rapporter de bons Tiltres pour iustifier leur Noblesse, auquel cas sa Majesté n'entendoit les priuer de leur qualité & priuileges, faute de payement de ladite prouision ; Neantmoins aucuns desdits Sieurs Commissaires font difficulté de receuoir lesdites productions, s'il ne plaist à sa Majesté leur faire sçauoir sur ce

son intention, s'agiſſant de déroger audit Arreſt du vingt-
deuxiéme Mars dernier, ſur lequel leurs Commiſſions ſont
fondées. A quoy eſtant neceſſaire de pouruoir ; Oüy le
rapport du Sieur MARIN, Intendant des Finances. LE
ROY EN SON CONSEIL, en interpretant ledit
Arreſt du vingt-deuxiéme Mars dernier, A Ordonné &
ordonne, Que les Particuliers qui auront eſté condamnez
par defaut ou forcluſions, par Iugement deſdits Sieurs
Commiſſaires deputez pour la Recherche des Vſurpateurs
du Tiltre de Nobleſſe, & leſquels ſe trouueront compris
aux Rolles des amendes arreſtez audit Conſeil, pourront
eſtre receus à produire leurs Tiltres pardeuant leſdits Sieurs
Commiſſaires, en conſignant ſeulement les ſommes qu'ils
jugeront à propos (eu eſgard aux facultez deſdits Particuliers) és mains des Prépoſez à ladite Recherche, & par
maniere de prouiſion, en attendant le Iugement des
Inſtances, ſur les productions des parties, Concluſions
des Procureurs de ſa Majeſté eſdites Commiſſions, & ſur
les Aduis deſdits Sieurs Commiſſaires ; Auſquels ſa Majeſté
ordonne de tenir la main à l'execution du preſent Arreſt.
FAIT au Conſeil d'Eſtat du Roy, Tenu à Paris le
vingt-huictiéme iour de Decembre mil ſix cens ſoixante-
ſix. Signé, BECHAMEIL.

*Collationné à l'Original, par moy Conſeiller
Secretaire du Roy, & de ſes Finances.*

ARREST DV CONSEIL D'ESTAT DV ROY,

Sa Majesté y estant,

Du treiziéme Ianuier 1667.

Contre les Annoblis par Lettres depuis le premier Ianuier 1611. du Reffort de la Cour des Aydes de Paris.

Extraict des Regiftres du Confeil d'Eftat.

LE ROY s'eftant fait reprefenter en fon Confeil le Reglement des Tailles, regiftré en la Cour des Aydes de Paris le huictiéme Avril 1634. par lequel il eft ordonné que nonobftant les Lettres d'Annobliffement accordées vingt ans auparauant, ceux qui les auoient obtenuës feroient impofez à la Taille. Declaration du feu Roy dernier decedé, du mois de Nouembre 1640. portant reuocation des Annobliffemens depuis 1610. Autre Reglement auffi regiftré en ladite Cour des Aydes le vingt-vniéme Iuillet 1643. par lequel lefdits Annobliffemens accordez trente ans auparauant, font reuoquez : Et vne autre Declaration pareillement regiftrée en ladite Cour le vnziéme Decembre 1664. portant reuocation des Lettres de Nobleffe depuis le premier Ianuier 1634. fans auoir efté dérogé aux Declarations precedentes, lefquelles par confequent subfiftent, & ainfi fuiuant celle de 1640. les Annoblis depuis 1610. font reuoquez, s'ils n'ont efté confirmez depuis la Declaration de 1644. par Lettres bien & deuëment verifiées en la Chambre des Comptes & Cour

F

des Aydes. Et voulant sa Majesté expliquer son intention,
pour seruir de regle aux Commissaires par Elle départis aux
Prouinces, aux Officiers des Elections, & aux Collecteurs
des Tailles, en procedant aux impositions de l'année presente & des suiuantes; Oüy le rapport du Sieur COLBERT,
Conseiller au Conseil Royal , & Controlleur general des
Finances : SA MAIESTÉ ESTANT EN SON CONSEIL,
A Ordonné & ordonne, Que tous les Nobles par Lettres
depuis le premier Ianuier 1611. jusques au iour de la Declaration de 1664. seront imposez aux Tailles , & cottisez
d'office par lesdits Sieurs Commissaires & Officiers des
Elections , selon leurs biens & facultez , pendant trois
années , aprés lesquelles expirées , ils seront compris aux
Rolles des Tailles par les Collecteurs : Declarant neantmoins sa Majesté, qu'elle n'entend comprendre au present
Arrest , les Annoblis qui auront obtenu Lettres de confirmation sur des exposez veritables , regïstrées és Chambre
des Comptes & Cour des Aydes, depuis ladite Declaration
de 1664. ENJOINT sa Majesté ausdits Sieurs Commissaires
départis, & aux Officiers des Elections, de tenir la main
à l'execution du present Arrest. FAIT au Conseil d'Estat
du Roy, Sa Majesté y estant, Tenu à Saint Germain en
Laye le treiziéme Ianuier mil six cens soixante-sept.
Signé , PHELYPEAUX.

*Collationné à l'Original , par moy Conseiller
Secretaire du Roy, & de ses Finances.*

ARREST DV CONSEIL D'ESTAT DV ROY,

SA MAJESTE' Y ESTANT,

Du treiziéme Ianuier 1667.

Contre les Annoblis par Lettres depuis le premier Ianuier 1614. du Reſſort de la Cour des Aydes de Roüen.

Extraict des Regiſtres du Conſeil d'Eſtat.

LE ROY s'eſtant fait repreſenter en ſon Conſeil, le Reglement des Tailles de l'année 1634. regiſtré en la Cour des Aydes de Roüen, par lequel il eſt ordonné que nonobſtant les Lettres d'Annobliſſement accordées vingt ans auparauant, ceux qui les auoient obtenuës ſeroient impoſez à la Taille ; & la Declaration de ſa Majeſté du mois d'Aouſt 1664. portant reuocation de tous Annobliſſemens depuis le premier Ianuier 1634. & que ceux qui ont obtenu ſemblables Lettres depuis le premier Ianuier 1614. juſques à pareil jour 1634. auſſi reuoquées, rapporteroient leurs Titres pardeuant les Sieurs Commiſſaires départis en ladite Prouince, pour en dreſſer des Procez verbaux, & les enuoyer à ſa Majeſté, auant que de les impoſer à la Taille. A quoy n'ayant eſté ſatisfait, & eſtant beſoin de faire ſçauoir que l'intention de ſa Majeſté a eſté que ladite reuocation ait lieu depuis le premier Ianuier 1614. n'ayant pas dérogé par ſa Declaration de 1664. à celle de 1634. laquelle par conſequent ſubſiſte ; ce qui doit ſeruir de regle auſdits Sieurs Commiſſaires, Officiers des Elections,

F ij

& Collecteurs, en faisant les Impositions de l'année presente & des suiuantes : Oüy le rapport du Sieur COLBERT,
Conseiller au Conseil Royal, & Controlleur general des
Finances. SA MAIESTE´ ESTANT EN SON CONSEIL,
A ordonné & ordonne, Que tous les Annoblis par Lettres
depuis le premier Ianuier 1614. jusques au iour de la Declaration du mois d'Aoust 1664. seront imposez aux Tailles,
& cottisez d'office par lesdits Sieurs Commissaires & Officiers des Ellections, selon leurs biens & facultez, pendant
trois années, aprés lesquelles expirées, ils seront compris
aux Rolles des Tailles par lesdits Collecteurs : Declarant
neantmoins sa Majesté, qu'elle n'entend comprendre au
present Arrest, les Annoblis qui auront obtenu des Lettres
de confirmation sur des exposez veritables, & regiftrées és
Chambres des Comptes & Cour des Aydes, depuis ladite
Declaration du mois d'Aoust 1664. ENJOINT sa Majesté
ausdits Sieurs Commissaires départis en ladite Prouince,
& Officiers des Ellections, de tenir la main à l'execution
du present Arrest. FAIT au Conseil d'Estat du Roy,
Sa Majesté y estant, Tenu à Saint Germain en Laye le
treiziéme iour de Ianuier mil six cens soixante-sept.
Signé, PHELYPEAUX.

*Collationné à l'Original , par moy Conseiller
Secretaire du Roy, & de ses Finances.*

ARREST DV CONSEIL D'ESTAT DV ROY,

Sa Majeste' y estant,

Du treiziéme Ianuier 1667.

Contre les Annoblis par Lettres, depuis le premier Ianuier 1611. du Reſſort de la Cour des Aydes de Clermont-Ferrand.

Extraict des Regiſtres du Conſeil d'Eſtat.

LE ROY s'eſtant fait repreſenter en ſon Conſeil, le Reglement des Tailles de l'année 1634. regiſtré en la Cour des Aydes de Clermont-Ferrand, par lequel il eſt ordonné, Que nonobſtant les Lettres d'Annobliſſement accordées vingt ans auparauant, ceux qui les auoient obtenuës, ſeroient impoſez à la Taille ; Declaration du feu Roy dernier decedé, du mois de Nouembre 1640. auſſi regiſtrée en ladite Cour des Aydes, portant pareille reuocation depuis 1610. Et vne Declaration de ſa Majeſté, du mois de Septembre 1664. regiſtrée en ladite Cour, par laquelle les Lettres d'Annobliſſement depuis le premier Ianuier 1634. ſont encore reuoquées, ſans auoir eſté dérogé aux Declarations precedentes, leſquelles par conſequent ſubſiſtent ; & ainſi ſuiuant celle de 1640. les Annoblis depuis 1610. ſont reuoquez, s'ils n'ont eſté confirmez depuis la ſuſdite Declaration de 1664. par Lettres bien & deuëment verifiées és Chambre des Comptes & Cour des Aydes. Et voulant Sa Majeſté expliquer ſon intention, pour ſeruir de regle aux Commiſſaires par Elle

départis dans le reſſort de ladite Cour des Aydes, aux Officiers des Elections, & aux Collecteurs des Tailles, en
procedant aux Impoſitions de l'année preſente, & des
ſuiuantes : Oüy le rapport du Sieur COLBERT, Conſeiller
au Conſeil Royal, & Controlleur general des Finances :
SA MAIESTE' ESTANT EN SON CONSEIL, A
ordonné & ordonne, Que tous les Annoblis par Lettres,
depuis le premier Ianuier 1611. juſques au iour de la Declaration du mois de Septembre 1664. ſeront impoſez aux
Tailles, & cottiſez d'office par leſdits Sieurs Commiſſaires
& Officiers des Elections, ſelon leurs biens & facultez,
pendant trois années, aprés leſquelles expirées, ils ſeront
compris aux Rolles des Tailles par les Collecteurs : Declarant neantmoins ſa Majeſté, qu'elle n'entend comprendre
au preſent Arreſt, les Annoblis qui auront obtenu des
Lettres de confirmation ſur des expoſez veritables, &
regiſtrées és Chambre des Comptes & Cour des Aydes,
depuis ladite Declaration de 1664. ENJOINT ſa Majeſté,
auſdits Sieurs Commiſſaires départis, & Officiers des
Elections, de tenir la main à l'execution du preſent Arreſt.
FAIT au Conſeil d'Eſtat du Roy, Sa Majeſté y eſtant,
Tenu à Saint Germain en Laye le treiziéme iour de Ianuier
mil ſix cens ſoixante-ſept. Signé, PHELYPEAUX.

Collationné à l'Original, par moy Conſeiller
Secretaire du Roy, & de ſes Finances.

ARREST DV CONSEIL D'ESTAT DV ROY,
SA MAJESTE' Y ESTANT,
Du treiziéme Ianuier 1667.

Portant qu'en raportant par les Préposez, vn Extraict de Contract ou autre Acte, où les Parties auront pris les qualitez de Cheualier ou d'Escuyer, ils seront condamnez comme Vsurpateurs.

Extraict des Regiftres du Conseil d'Eftat.

SVR ce qui a esté representé au Roy estant en son Conseil, Que les Sieurs Commissaires départis aux Prouinces, expliquent differemment l'Arrest du Conseil du 22. jour de Mars dernier, expedié pour la Recherche des Vsurpateurs du Tiltre de Noblesse, en ce qu'il est dit, Que sur deux Extraicts de Contracts ou autres Actes faits en Iustice, ou pardeuant Notaires, de quelque qualité qu'ils soient, ou vn seul de Partage ou Donation, Testament & Contract de mariage, où les parties contractantes auroient signé & pris induëment la qualité de Cheualier ou d'Escuyer, ils seront condamnez comme Vsurpateurs, suiuant les Declarations de sa Majesté, & Reglement de la Cour des Aydes de Paris, fait en execution d'icelles; Et qu'il s'est rencontré difficulté à l'interpretation dudit Article, sur ce qu'on a pretendu qu'il falloit de necessité justifier d'vn Contract de Partage, Donation, Testament, ou Contract de mariage, signé de la partie contractante, qui auroit induëment pris ladite qualité de Cheualier ou d'Escuyer, & qu'il ne suffisoit pas de rapporter vn Extraict d'vn Contract de mariage, où vn particulier auroit affifté comme parent, figné iceluy auec la qualité d'Efcuyer, & d'vne Quittance ou autre acte paffé pardeuant Notaires, où lefdites qualitez auroient efté inferées, fi ce n'eftoit precifément vn Partage, Donation ou Contract de mariage, fignez (comme dit eft) par la partie contractante, quoy que ledit Arreft du 22. Mars foit relatif à vn Reglement de la Cour des Aydes du huictiéme jour d'Octobre 1657. qui porte en termes exprés, Que pour juftifier de l'vfurpation du Tiltre de Nobleffe, il fuffit d'vn fimple Extraict en bonne forme, d'vn Acte original authentique, où la perfonne affignée aura figné & pris ladite qualité. Surquoy eftant neceffaire d'expliquer l'intention de fa Majefté, pour leuer tous les doutes defdits Sieurs Commiffaires ; Oüy le rapport du Sieur COLBERT, Confeiller au Confeil Royal, & Controlleur general des Finances. LE ROY ESTANT EN SON CONSEIL, A ordonné & ordonne, Qu'en rapportant par les Prepofez à ladite Recherche des Vfurpateurs du Tiltre de Nobleffe, vn Extraict d'vn Contract ou autre Acte paffé pardeuant Notaires, où la partie contractante aura figné & pris indeuëment la qualité d'Efcuyer ou de Cheualier, foit Contract de mariage, Donation, Efchange, ou autres, ils feront declarez Vfurpateurs. ENJOINT fa Majefté aufdits Sieurs Commiffaires départis, de le juger ainfi, & de tenir la main à l'execution du prefent Arreft. FAIT au Confeil d'Eftat du Roy, Sa Majefté y eftant, Tenu à Saint Germain en Laye le treiziéme Ianuier mil fix cens foixante-fept. Signé, PHELYPEAUX.

Collationné à l'Original , par moy Confeiller Secretaire du Roy, & de fes Finances.

ARREST DV CONSEIL D'ESTAT DV ROY,

SA MAJESTE' Y ESTANT,

Du treiziéme Ianuier 1667.

Contre les Gentils-hommes qui ont dérogé.

Extraict des Regiftres du Confeil d'Eftat.

SVR Ce qui a efté reprefenté au Roy eftant en fon Confeil, par les Prépofez à la Recherche des Vfurpateurs du Tiltre de Nobleffe : Qu'il fe trouue plufieurs Gentils-hommes affignez, qui juftifient fuffifamment le droict qu'ils ont de prendre la qualité d'Efcuyer, & de jouïr des Priuileges aux termes des Declarations & Ordonnances : Au moyen dequoy ils pourroient eftre renuoyez par les Sieurs Commiffaires départis dans les Prouinces, conformément à l'Arreft du Confeil du vingt-deuxiéme Mars dernier, n'eftoit qu'il fe rencontre fouuent qu'aucuns defdits veritables Gentils-hommes, leurs Peres ou Ayeuls, ont dérogé par des Baux à ferme qu'ils ont pris ; pour raifon defquelles dérogeances, lefdits Sieurs Commiffaires fe trouuent obligez de renuoyer lefdits Gentils-hommes au Confeil, pour y eftre condamnez à l'amende fur leurs Aduis, fuiuant leurs biens & facultez, & le benefice qu'ils ont tiré defdites dérogeances, par l'exemption des Tailles & autres fubfides : Lefquels renuois engagent lefdits Gentils-hommes à de grands frais, dans le fejour qu'ils font obligez de faire en la Ville de Paris, à la pourfuitte de leurs affaires ;

G

ce qui femble en quelque façon contraire à l'intention de fa Majefté, & à l'Arreft de fondit Confeil dudit iour vingt-deuxiéme Mars dernier, qui ordonne que les veritables Gentils-hommes feroient expediez promptement & fans frais. PARTANT requierent lefdits Prépofez, qu'il plaife à fa Majefté y pouruoir : Oüy le rapport du Sieur COLBERT, Confeiller au Confeil Royal, & Controlleur general des Finances. LE ROY ESTANT EN SON CONSEIL, A ordonné & ordonne, Que les Gentils-hommes qui auront fuffifamment prouué leur Nobleffe, & qui neant-moins fe trouueront auoir dérogé par Baux à Fermes ou autrement, directement ou indirectement, dont ils de-meureront d'accord volontairement, ou contumax, faute de deffendre à ladite dérogeance, feront condamnez à l'amende par lefdits Sieurs Commiffaires départis dans les Prouinces, fuiuant leurs biens & facultez, & le benefice qu'ils auront tiré defdites dérogeances, conformément aux anciennes Ordonnances, & feront impofez au Rolle des Tailles, ainfi que les autres Subjets contribuables, jufques à ce qu'ils ayent obtenu Lettres de reabilitation deuëment verifiées. Et feront les Iugemens defdits Sieurs Com-miffaires, executez par prouifion, nonobftant oppofitions ou appellations quelconques. FAIT au Confeil d'Eftat du Roy, Sa Majefté y eftant, Tenu à Saint Germain en Laye le treiziéme Ianuier mil fix cens foixante-fept. Signé, PHELYPEAUX.

Collationné à l'Original, par moy Confeiller
Secretaire du Roy, & de fes Finances.

ARREST DV CONSEIL D'ESTAT,
Du vingtiéme Ianuier 1667.

Portant que les Greffiers des Elections, enuoyeront aux Greffes des Sieurs Commissaires départis, les Noms, Surnoms & Qualitez des Exempts, &c.

Extraict des Registres du Conseil d'Estat.

SVR ce qui a esté representé au Roy en son Conseil ; Que dans la Recherche des Vsurpateurs du Tiltre de Noblesse, il se commet plusieurs abus par les Commis & Préposez pour cét effect, qui ne font assigner que ceux qui bon leur semble, supprimans les Extraicts des Contracts, Actes de dérogeances, & autres pieces seruans de conuiction aux faussetez de la plufpart des Tiltres produits ; de sorte que s'il n'y estoit promptement remedié, il se trouueroit qu'au lieu de retrancher le nombre des Vsurpateurs, on en feroit beaucoup de Nobles, contre l'intention de sa Majesté, & l'interest du public. A quoy estant necessaire de pouruoir. SA MAIESTE' EN SON CONSEIL, A ordonné & ordonne aux Greffiers des Elections, d'enuoyer aux Greffes des Sieurs Commissaires départis és Generalitez de ce Royaume, des Extraicts signez d'eux, contenant les noms, surnoms & qualitez de ceux qui font compris aux chapitres des exempts, dans les Rolles des Tailles des trois dernieres années : Que les Notaires enuoyeront pareillement ausdits Sieurs Commissaires, des Estats en vn seul cahier, signez & certifiez d'eux veritables,

G ij

des noms , surnoms & demeures de ceux qui ont pris la qualité de Cheualier ou d'Escuyer dans toutes les Minutes qui sont pardeuers eux , auec submission de payer l'amende qui sera jugée par lesdits Sieurs Commissaires , en cas que par lesdits Estats il s'en trouue aucuns obmis ; & pour les salaires desdits Greffiers & Notaires , lesdits Sieurs Commissaires les feront payer par les Traittans , suiuant la Taxe qui en sera faite par lesdits Sieurs Commissaires. Et afin que ladite Recherche ne soit pas inutile par l'artifice des Vsurpateurs , & la conniuence des Commis & Préposez à icelle : SA MAJESTE' accorde le tiers des amendes qui pourront estre adjugées , à ceux qui fourniront ausdits Sieurs Commissaires , des Actes de dérogeance , des preuues & pieces justificatiues de la fausseté des Tiltres produits par lesdits Vsurpateurs , & dont lesdits Préposez n'auront donné connoissance ausdits Sieurs Commissaires. ENJOINT sa Majesté à ses Procureurs en chacune Ellection , & autres Officiers qu'il appartiendra , de tenir la main à ce que lesdits Greffiers & Notaires satisfassent diligemment & fidelement à l'execution du present Arrest , & aux Ordonnances desdits Sieurs Commissaires , nonobstant oppositions ou appellations quelconques , à peine d'en respondre à sa Majesté en leurs propres & priuez noms. FAIT au Conseil d'Estat du Roy, Tenu à Paris le vingtiéme Ianuier mil six cens soixante-sept. Signé , BECHAMEIL.

Collationné à l'Original , par moy Conseiller Secretaire du Roy, & de ses Finances.

ARREST DV CONSEIL D'ESTAT,

Du vingtiéme Januier 1667.

Pour l'Establiffement des deux Bureaux , compofez
des Sieurs Commiffaires y nommez.

Extraict des Regiftres du Confeil d'Eftat.

SVR ce qui a efté reprefenté au Roy en fon Confeil ;
Qu'attendu le decéz arriué du Sieur de Machaut, Doyen
des Confeils de fa Majefté, il eft neceffaire d'augmenter le
nombre des Sieurs Commiffaires , pour remplir les deux
Bureaux qui doiuent trauailler au Iugement des Procez
concernant la Recherche des Vfurpateurs du Titre de Nobleffe , afin que les parties puiffent auoir plus prompte
expedition. A quoy eftant neceffaire de pouruoir : SA
MAIESTE' EN SON CONSEIL , A ordonné
& ordonne , Qu'il fera eftably deux Bureaux pour trauailler
à l'expedition des Procez concernans ladite Recherche des
Vfurpateurs de Nobleffe , lefquels feront compofez ;
Sçauoir , l'vn des Sieurs d'Aligre , de Mefgrigny & de
Séue , Confeillers d'Eftat , Colbert , Confeiller ordinaire
de fa Majefté en tous fes Confeils , & Controlleur general
de fes Finances , Puffort , Confeiller d'Eftat ordinaire ,
Marin , auffi Confeiller d'Eftat , & Intendant defdites Fi-
nances , Bénard , Pommereu , Mollé , de Nefmond , & de
Saint Conteft , Confeillers de fa Majefté en fefdits Confeils ,
Maiftres des Requeftes ordinaires de fon Hoftel : Et l'autre,

des Sieurs Boucherat, de Breteüil, de la Marguerie, de la
Foſſe, Conſeillers d'Eſtat ordinaires, Hotman, Conſeiller
de ſadite Majeſté, & Maiſtre des Requeſtes ordinaire de
ſon Hoſtel, & Intendant deſdites Finances, Hervart, Conſeiller d'Eſtat, Roüillé, Barillon, Poncet, de Séue & Foullé,
Conſeillers de ſadite Majeſté en ſes Conſeils, & Maiſtres
des Requeſtes ordinaires de ſon Hoſtel ; Qu'elle a pour cét
effet commis & deputez pour trauailler conjointement ou
ſeparément au faiϛt de ladite Commiſſion, & regler par
aduis communs, les queſtions generales & importantes
qu'il conuiendra juger, le tout ſuiuant la diſtribution des
Inſtances particulieres des Generalitez du Royaume, &
des Eſlections des Generalitez de Paris, qui ſera faite auſdits Sieurs Commiſſaires. FAIT au Conſeil d'Eſtat du
Roy, Tenu à Paris le vingtiéme iour de Ianuier mil ſix cens
ſoixante-ſept. Signé, BECHAMEIL.

*Collationné à l'Original , par moy Conſeiller
Secretaire du Roy, & de ſes Finances.*

ARREST DV CONSEIL D'ESTAT,
Du vingt-vniéme Mars 1667.

Portant que les Particuliers affignez deuant les Sieurs Commiffaires, qui fe trouueront auoir efté cy-deuant condamnez par Arrefts des Cours des Aydes, ou Iugemens defdits Sieurs, feront jugez difinitiuement par lefdits Sieurs Commiffaires, & condamnez en l'amende & defpens, felon leurs biens & facultez, &c.

Extraict des Regiftres du Confeil d'Eftat.

SVR les Aduis donnez au Roy en fon Confeil, par les Commiffaires députez par fa Majefté dans les Generalitez du Royaume, pour la Recherche des Vfurpateurs du Tiltre de Nobleffe : Qu'en procedant à la verification des Tiltres & Pieces produites pardeuant eux, ils ont reconnu que plufieurs Particuliers affignez ont défja efté condamnez en des amendes enuers fa Majefté, à caufe de l'Vfurpation dudit Tiltre de Nobleffe, nonobftant lefquelles ils fe feroient indeuëment maintenus dans la poffeffion des Priuileges & prérogatiues attribuez à la Nobleffe : Et attendu que lefdits Sieurs Commiffaires, qui enuoyent leurs Aduis au Confeil fur le faict de ladite Recherche, n'ont pas pouuoir par les Arrefts & Reglemens du Confeil, de prononcer par condemnation d'amende ; ce qui maintient les Vfurpateurs dans leur indeuë poffeffion. A quoy eftant neceffaire de pouruoir. LE ROY EN SON CONSEIL, A ordonné & ordonne, Que les Particuliers affignez pardeuant les Commiffaires députez par fa Majefté pour la Recherche des Vfurpateurs du Tiltre

de Nobleſſe, qui ſe trouueront auoir eſté cy-deuant condamnez par Arreſts des Cours des Aydes, ou par Iugement
deſdits Sieurs Commiſſaires à ce deputez, rendus contradictoirement ou par deffaut, ſeront jugez diſinitiuement
par leſdits Sieurs Commiſſaires, & les amendes & deſpens
auſquels ils ſeront condamnez, eu eſgard à leurs moyens
& facultez, à la durée de leur Vſurpation, & au prejudice
qu'en ont ſouffert les Subjets de ſa Majeſté ; & le recouurement deſdits Deniers payez ſur les Quittances du Garde
du Treſor Royal, qui ſeront expediées ſur les Rolles qui
ſeront arreſtez au Conſeil ; à quoy faire ils ſeront contraints
par toutes voyes, comme pour les propres deniers & affaires
de ſa Majeſté, nonobſtant oppoſitions ou appellations
quelconques, & ſans prejudice d'icelles, ſur leſquelles les
parties ſe pouruoiront au Conſeil, & ne pourront y proceder
qu'aprés auoir juſtifié du payement deſdites amendes, ſauf
à pouruoir à la reſtitution des ſommes qu'ils auront payées,
en cas de deſcharge. FAIT au Conſeil d'Eſtat du Roy,
Tenu à Paris le vingt-vniéme iour de Mars mil ſix cens
ſoixante-ſept. Signé, BECHAMEIL.

Collotionné à l'Original , par moy Conſeiller
Secretaire du Roy, & de ſes Finances.

ARREST DV CONSEIL D'ESTAT DV ROY,

SA MAJESTE' Y ESTANT,

Du cinquiéme •May 1667.

Qui donne pouuoir aux Sieurs Commiffaires départis,
de juger difinitiuement, fauf l'appel au Confeil, &c.

Extraict des Regiftres du Confeil d'Eftat.

SVR ce qui a efté reprefenté au Roy eftant en fon
Confeil ; Qu'en procedant à l'execution de l'Arreft
dudit Confeil du vingt-deuxiéme Mars 1666. pour la
Recherche des Vfurpateurs du Titre de Nobleffe, il a efté
remarqué que faute d'auoir donné pouuoir aux Sieurs Commiffaires départis par fa Majefté en fes Prouinces, de juger
difinitiuement les affaires conteftées, fauf l'appel audit
Confeil ; les Particuliers ont efté obligez de venir en cette
Ville de Paris, pour fur les Aduis defdits Sieurs Commiffaires, faire juger leurs Inftances audit Confeil, où
fouuent il eft arriué qu'on a fait de nouuelles productions,
& des infcriptions de faux, que l'on a efté contraint de
renuoyer aufdits Sieurs Commiffaires, pour en faire
l'inftruction : ce qui a donné lieu à plufieurs Voyages &
frais extraordinaires, contre l'intention de fa Majefté, qui
eft d'éuiter les vexations, en faifant juger fommairement
ces fortes d'affaires, plûtoft pour le foulagement de fes
Subjets taillables, que pour fon profit particulier. A quoy
eftant neceffaire de pouruoir : Oüy le rapport du Sieur

H

COLBERT, Conseiller au Conseil Royal, & Controlleur general des Finances. LE ROY ESTANT EN SON CONSEIL, A ordonné & ordonne, Que par lesdits Sieurs Commissaires départis aux Generalitez des Païs d'Eslections, & en celle de Bourgogne, les Instances contestées entre les Particuliers pretendus Vsurpateurs du Titre de Noblesse, & les Préposez au recouurement des Amendes, seront instruites & jugées disinitiuement, sauf l'appel audit Conseil, lequel sera receu, Que l'amende adjugée sera payée par prouision : Et afin que les Commissaires generaux establis en iceluy, ayent vne connoissance entiere de ce qui aura esté fait par lesdits Sieurs Commissaires départis ; ORDONNE sa Majesté qu'il sera enuoyé aux Greffes desdits Sieurs Commissaires generaux, autant de tous les Iugemens qui seront rendus par lesdits Sieurs Commissaires départis, pour y auoir recours quand besoin sera. Et sera le present Arrest executé nonobstant oppositions ou appellations quelconques ; Dont si aucunes interuiennent, Sa Majesté s'en est reserué la connoissance, & icelle interdite & deffenduë à toutes ses Cours & Iuges. FAIT au Conseil d'Estat du Roy, Sa Majesté y estant, Tenu à Saint Germain en Laye le cinquiéme iour de May mil six cens soixante-sept. Signé, DE GVENEGAVD.

Collationné à l'Original, par moy Conseiller Secretaire du Roy, & de ses Finances.

ARREST DV CONSEIL D'ESTAT DV ROY,
Sa Majesté y estant,

Du dixiéme May 1667.

Portant deffenses de faire aucunes poursuittes contre ceux qui sont employez dans les Trouppes.

Extraict des Registres du Conseil d'Estat.

LE ROY Voulant fauorablement traitter les Particuliers recherchez pour l'Vsurpation du Titre de Noblesse, lesquels sont à present & seront cy-aprés employez dans les Trouppes de sa Majesté, afin que pendant leur absence, le repos de leurs Familles ne soit pas troublé, & qu'ils puissent y rendre le seruice qu'ils ont volontairement voüé à sa Majesté; Oüy le rapport du Sieur D'ALIGRE, Directeur des Finances : SA MAIESTÉ ESTANT EN SON CONSEIL, A fait & fait inhibitions & deffenses aux Préposez à ladite Recherche des Vsurpateurs du Titre de Noblesse, de faire aucunes poursuittes à l'encontre de ceux qui sont & seront employez dans les Trouppes de sa Majesté, & dont il sera justifié par bons Certificats des Generaux d'Armées, ou du Secretaire d'Estat ayant le Département de la Guerre, & ce jusques à ce qu'autrement en ait esté ordonné par sa Majesté : Laquelle enjoint pour cét effet aux Sieurs Commissaires départis dans ses

Prouinces, de diftribuer leurs Ordres aufdits Prépofez, en forte qu'il ne foit en aucune façon contreuenu au prefent Arreft, à peine contre les contreuenans, d'amende arbitraire, & de tous defpens, dommages & interefts. FAIT au Confeil d'Eftat du Roy, Sa Majefté y eftant, Tenu à Saint Germain en Laye le dixiéme iour de May mil fix cens foixante-fept. Signé, DE GUENEGAUD.

Collationné à l'Original, par moy Confeiller Secretaire du Roy, & de fes Finances.

ARREST DV CONSEIL D'ESTAT DV ROY,

SA MAJESTE' Y ESTANT,

Du quatorziéme May 1667.

Contre les Defcendans des Maires, Efcheuins, Confeillers des Villes, & autres Officiers d'icelles.

Extraict des Regiftres du Confeil d'Eftat.

LE ROY Ayant par fon Edict du mois de Mars dernier, reuoqué pour l'aduenir le Priuilege de Nobleffe cy-deuant attribué aux Maires, Efcheuins, & Confeillers d'aucunes Villes de ce Royaume, & particulierement à ceux de Poictiers, Niort, Bourges, Angoulefme, Tours, Angers, Abbeville & Coignac; Et neantmoins ordonné que les defcendans defdits Maires & Efcheuins qui ont acquis le Titre de Nobleffe depuis l'année 1600. y feront confirmez, fans eftre obligez de prendre Lettres de fa Majefté, en payant les fommes aufquelles ils feroient moderément taxez audit Confeil, auec faculté de renoncer au benefice de ladite Nobleffe, auquel cas ils feroient defchargez du payement defdites Taxes, ce qu'ils feroient tenus de declarer aux Greffes des Ellections, fix femaines aprés la publication dudit Edict; & où ils feroient fubmiffion de payer lefdites Taxes dans certains termes, & qu'ils manquaffent d'y fatisfaire, ils feroient purement décheus dudit Priuilege. Et voulant fa Majefté qu'il foit procedé à l'execution dudit Edict;

Oüy le rapport du Sieur COLBERT, Confeiller au Confeil Royal, Controlleur general des Finances : SA MAIESTE' ESTANT EN SON CONSEIL, A ordonné & ordonne, Que les Particuliers defcendans des Maires, Efcheuins, & Confeillers des Villes fufdites, & autres Officiers d'icelles, qui ont acquis le priuilege de Nobleffe depuis l'année 1600. feront tenus de payer au Trefor Royal, les fommes aufquelles ils feront moderément taxez audit Confeil, pour eftre confirmez aufdits Priuileges ; à faute dequoy, & de faire leurs déclarations dans le temps prefcrit par ledit Edict, ils feront décheus du benefice d'iceluy : Et cependant, Ordonne fa Majefté qu'ils reprefenteront pardeuant les Sieurs Commiffaires départis par fa Majefté en fes Prouinces, quinzaine aprés la fignification du prefent Arreft & des Rolles defdites Taxes, les Tiltres & pieces juftificatiues feruans à l'eftabliffement de leur Nobleffe, pour en eftre dreffé des Procez verbaux, qui feront enuoyez audit Confeil ; & moyennant le payement defdites Taxes, lefdits Particuliers jouïront de la confirmation de leurfdites Nobleffes, fans eftre tenus de prendre Lettres de fa Majefté, dont ils font difpenfez & defchargez. ENJOINT fa Majefté aufdits Commiffaires départis, de tenir la main, chacun en droict foy, à l'execution du prefent Arreft. FAIT au Confeil d'Eftat du Roy, Sa Majefté y eftant, Tenu à Saint Germain en Laye le quatorziéme iour de May mil fix cens foixante-fept. Signé, PHELYPEAUX.

Collationné à l'Original, par moy Confeiller Secretaire du Roy, & de fes Finances.

ARREST DV CONSEIL D'ESTAT,
Du vnziéme Aouſt 1667.

Qui permet aux Prépoſez à ladite Recherche, leurs Procureurs, Commis & Huiſſiers, de porter l'Eſpée, & autres Armes.

Extraiĉt des Regiſtres du Conſeil d'Eſtat.

LE ROY eſtant informé, Qu'au prejudice de ſes Ediĉts & Declarations, qui permettent aux Commis & Prépoſez à la recepte des droiĉts de ſes Fermes & Deniers extraordinaires; Quelques perſonnes mal intentionnées à ſon ſeruice, à la ſuſcitation des Vſurpateurs du Titre de Nobleſſe, ou autrement, veulent oſter la liberté aux Commis & Prépoſez à la Recherche deſdits Vſurpateurs de Nobleſſe, de porter l'épée & autres Armes pour leurs défenſes; & par ce moyen empeſcher indireĉtement le recouurement des Deniers qui en peuuent revenir à ſa Majeſté, à cauſe de ladite Recherche; eſtant impoſſible que leſdits Commis & Prépoſez & leurs Huiſſiers puiſſent agir aux contraintes, & meſme demeurer en ſeureté de leurs perſonnes, s'ils n'eſtoient en eſtat de ſe défendre des Violences & des Inſultes qui leur pourroient eſtre faites, dont il pourroit meſme arriuer des accidens fâcheux par la ſuitte; ce qui pourroit auſſi cauſer vn retardement notable au recouurement des Deniers dudit Traitté. Aquoy eſtant neceſſaire de pouruoir: SA MAIESTE' EN SON CONSEIL, A permis & permet aux Prépoſez à ladite Recherche, leurs Procureurs, Commis, & Huissiers par eux employez, de porter l'épée & autres armes défen-siues, tant & si longuement qu'ils seront employez à ladite Recherche : FAIT ladite Majesté inhibitions & défenses à toutes personnes de quelques qualité & condition qu'elles soient de les y troubler. ENJOINT sa Majesté aux Sieurs Commissaires départis dans les Prouinces & à tous Gou-uerneurs, Preuosts des Mareschaux, & tous autres de tenir la main à l'execution du present Arrest, lequel sera leû, publié & affiché où besoin sera, & executé nonobstant oppositions, appellations, & empeschemens quelconques. FAIT au Conseil d'Estat du Roy, Tenu à Paris l'unziéme jour d'Aoust mil six cens soixante-sept. Signé, BERRYER.

Collationné à l'Original, par moy Conseiller Secretaire du Roy, & de ses Finances.

ARREST DV CONSEIL D'ESTAT DV ROY,
SA MAJESTE' Y ESTANT,
Du troisiéme Octobre 1667.

Portant qu'il sera expedié des Rolles au Conseil, pour les Amendes & Restitutions jugées par le Sieur Barentin, contre les Vsurpateurs du Tiltre de Noblesse en la Generalité de Poitiers.

Extraict des Registres du Conseil d'Estat.

SVR ce qui a esté representé au Roy estant en son Conseil; Que le Sieur Barentin, Maistre des Requestes ordinaire de l'Hostel, & Commissaire départy en la Generalité de Poictiers, en procedant en la Recherche des Vsurpateurs du Titre de Noblesse, a condamné plusieurs Particuliers à certaines sommes, tant pour amendes, que pour restitutions de leurs indeuës exemptions de Taille, ou de leurs predecesseurs: Dont aucuns s'estant plaints au Conseil, disans que lesdites amendes ne pouuoient exceder Deux mil deux cens liures, suiuant le Reglement de 1634. & la Declaration de Février 1661. & ne deuoient lesdites restitutions; Sa Majesté auroit fait examiner l'affaire en son Conseil, & trouué que la restitution luy appartenoit, d'autant que l'indeuë exemption ayant surchargé les Taillables, à cause des non-valeurs considerables sur les deniers de sa Majesté, qui a perdu plus de Quatre millions en plusieurs années, sur les impositions de ladite Generalité de Poictiers. Et estant necessaire que sa Majesté fasse

I

fçauoir fon intention pour l'execution desIugemens rendus par ledit Sieur Barentin; O üy le rapport du Sieur COLBERT, Confeiller au Confeil Royal, & Controlleur general des Finances : SA MAIESTE' ESTANT EN SON CONSEIL, A ordonné & ordonne, Que fur les Iugemens dudit Sieur Barentin, rendus contre les Vfurpateurs dudit Titre de Nobleffe de ladite Generalité de Poictiers, il fera expedié des Rolles audit Confeil, & conformément à iceux, des Quittances du Garde du Trefor Royal, pour eftre les Particuliers contraints au payement des fommes qui feront portées par lefdits Rolles & Quittances, pour Amendes & reftitutions; par les voyes accouftumées pour les deniers & affaires de fa Majefté : Laquelle enjoint audit Sieur Barentin, de tenir la main à l'execution du prefent Arreft, nonobftant oppofitions ou appellations quelconques, & fans prejudice d'icelles; Et en cas qu'il en interuienne, Sa Majefté s'en eft retenu la connoiffance en fondit Confeil, icelle interdite & deffenduë à toutes fes Cours & autres Iuges. FAIT au Confeil d'Eftat du Roy, Sa Majefté y eftant, Tenu à Saint Germain en Laye le troifiéme iour d'Octobre mil fix cens foixante-fept. Signé, DE GUENEGAUD.

Collationné à l'Original , par moy Confeiller Secretaire du Roy, & de fes Finances.

ARREST DV CONSEIL D'ESTAT DV ROY,

Sa Majeste' y estant,

Du troisiéme Octobre 1667.

Qui ordonne que les Maires , Escheuins , & Conseillers des Villes , & les descendans de ceux qui ont exercé pareilles Charges depuis l'année 1600. seront confirmez en leur Noblesse , aprés auoir representé leurs Tiltres pardeuant les Sieurs Commissaires départis , & payé les sommes ausquelles ils seront taxez.

Extraict des Registres du Conseil d'Estat.

LE ROY s'estant fait representer en son Conseil, l'Arrest rendu en iceluy le sixiéme iour de Decembre dernier , par lequel sa Majesté auroit reuoqué les Priuileges de Noblesse des Maires & Escheuins des Villes de Bourges, Poictiers, Niort , Angers, Angoulesme, & autres qui en jouïssoient lors , & neantmoins ordonné que ceux qui estoient en charges , & les descendans de ceux qui les ont exercées depuis le premier Ianuier de l'année 1600. y seroient confirmez , en payant les sommes ausquelles ils seroient moderément taxez audit Conseil, à faute dequoy ils seroient compris aux Rolles des Tailles : Comme aussi sa Majesté se seroit fait representer son Edict du mois de Mars dernier , registré en la Cour des Aydes de Paris, portant reuocation dudit Priuilege de Noblesse pour l'aduenir , & que ceux qui en ont bien & deuëment joüy juſques alors, continueront d'en joüir, à la charge toutefois que les deſcendans deſdits Maires & Eſcheuins, & Conſeillers de Ville, qui ont exercé leſdites Charges depuis l'année 1600. ſeroient tenus de payer à ſa Majeſté vne ſomme moderée, eu eſgard à leurs facultez, pour eſtre confirmez en la joüiſſance dudit Priuilege, ſans eſtre obligez de prendre de nouuelles Lettres de ſa Majeſté, laquelle auroit ordonné que ceux qui renonceroient au Tiltre de Nobleſſe, ſeroient deſchargez du payement deſdites Taxes, en faiſant leur declaration au Greffe des Eſlections, ſix ſemaines aprés la publication & enregiſtrement dudit Edict en ladite Cour des Aydes : Et en cas qu'aucuns deſdits Maires, Eſcheuins, Conſeillers de Ville, & les deſcendans de ceux qui ont exercé depuis 1600. fiſſent leur ſubmiſſion de payer leſdites taxes pour joüir du benefice dudit Edict, ils ſeroient obligez d'y ſatisfaire dans les termes qui leur ſeroient prefix, à peine d'eſtre deſcheus dudit Priuilege. Et voulant ſa Majeſté expliquer ſon intention pour l'execution du ſuſdit Arreſt & Edict, & tirer le ſecours qu'elle en a eſperé, pour ſubvenir à partie des deſpenſes de la Guerre ; Oüy le rapport du Sieur COLBERT, Conſeiller au Conſeil Royal, & Controlleur general des Finances : SA MAIESTE' ESTANT EN SON CONSEIL, A ordonné & ordonne, Que les Maires, Eſcheuins, & Conſeillers des Hoſtels deſdites Villes de Bourges, Poictiers, Niort, Angouleſme, Angers, Coignac, & autres, enſemble les deſcendans de ceux qui ont exercé pareilles Charges depuis ladite année 1600. tant eſdites Villes, qu'en celles de la Rochelle & Saint Iean d'Angely, ſeront confirmez en la joüiſſance dudit Priuilege de Nobleſſe, aprés auoir repreſenté leurs Titres pardeuant les Sieurs Commissaires départis par sa Majesté, & payé les sommes ausquelles ils seront taxez par Rolles qui seront arrestez audit Conseil , sur les Aduis desdits Sieurs Commissaires, à peine d'estre descheus dudit Priuilege , suiuant ledit Edict. ENJOINT sa Majesté ausdits Sieurs Commissaires , de tenir la main à l'execution du present Arrest, & des Rolles qui seront expediez en consequence , nonobstant oppositions & autres empeschemens quelconques; Dont aucuns interuiennent , Sa Majesté s'est reserué la connoissance en sondit Conseil, icelle interdite & deffenduë à toutes ses Cours & autres Iuges. FAIT au Conseil d'Estat du Roy, Sa Majesté y estant, Tenu à Saint Germain en Laye le troisiéme iour d'Octobre mil six cens soixante-sept. Signé, DE GUENEGAUD.

Collationné à l'Original , par moy Conseiller Secretaire du Roy, & de ses Finances.

ARREST DV CONSEIL D'ESTAT DV ROY,

SA MAJESTE' Y ESTANT.

Du troisiéme Octobre 1667.

Portant que ceux qui ont produit des Groffes depuis 1530.
contre lefquelles il y aura infcription de faux, feront
tenus d'en faire rapporter les Minuttes, autrement &
à faute de ce, ils feront condamnez comme Vfurpateurs, &c.

Extraict des Regiftres du Confeil d'Eftat.

SVR ce qui a efté reprefenté au Roy eftant en fon
Confeil, Que fous pretexte que par fes Lettres de
Declaration du vingt-deuxiéme Iuin 1664. concernant
la Recherche des Vfurpateurs du Titre de Nobleffe,
regiftrées en la Cour des Aydes de Paris, il eft dit qu'à
l'efgard des Minuttes des Contracts paffez depuis l'année
1560. aucun d'eux ne pourra fe difpenfer de les faire
apporter, lors que les Groffes feront arguées de faux:
Plufieurs des affignez produifent hardiment des Groffes
de Contracts & autres Actes, qu'ils ont fait fabriquer &
datter d'vn temps precedent ladite année; & lors que
pour moyens de faux, on allegue qu'il n'y a point de
Minuttes des Groffes reprefentées, ou qu'on en demande
la reprefentation deuant les Sieurs Commiffaires deputez
pour la verification des Titres de Nobleffe, lefdits affignez pretendent s'en excufer par les termes de ladite

Declaration de 1664. quoy qu'il ne soit pas dit par icelle qu'ils soient dispensez de representer lesdites Minuttes auant 1560. Mais ce qui doit obliger lesdits Particuliers d'y satisfaire, est qu'il s'est trouué que la pluspart desdits Contracts dattez auant l'Ordonnance de 1566. qui ordonne que les parties & tesmoins signeront les Minuttes, font mention de ladite Ordonnance, qui ne fut faite que long-temps aprés; ce qui justifie assez nettement la fausseté desdits Contracts : C'est pourquoy il est necessaire d'obliger ceux qui s'en veulent seruir, de faire rapporter lesdites Minuttes, & à faute de ce, de juger les Instances sans auoir esgard aux Grosses, ny à l'excuse proposée par les Particuliers, fondée sur ladite Declaration du vingt-deuxiéme Iuin 1664. qui ne les descharge pas expressément de rapporter lesdites Minuttes. Et comme il est important à sa Majesté & au Public, de faire cesser vn tel abus ; Oüy le rapport du Sieur COLBERT, Conseiller au Conseil Royal , & Controlleur general de ses Finances : SA MAIESTE' ESTANT EN SON CONSEIL, en interpretant lesdites Lettres de Declaration du vingt-deuxiéme Iuin 1664. A ordonné & ordonne, Que ceux qui auront produit des Grosses de Contracts & autres Actes, de dattes precedentes l'année 1560. jusques & compris l'année 1530. & auront declaré qu'ils s'en veulent seruir pour la preuue de leur Noblesse, seront tenus d'en faire apporter les Minuttes au Greffe desdits Sieurs Commissaires, aprés que l'inscription de faux aura esté formée contre icelles, autrement & à faute de ce faire, elles seront rejettées, & sans y auoir esgard, seront condamnez aux peines portées par lesdites Declaration & Arrest du

Conſeil du vingt-deuxiéme Mars 1666. comme Vſurpateurs du Titre de Nobleſſe. ENJOINT ſa Majeſté,
aux Sieurs Commiſſaires deputez pour ladite Recherche,
de tenir la main à l'execution du preſent Arreſt. FAIT
au Conſeil d'Eſtat du Roy, Sa Majeſté y eſtant, Tenu à
Saint Germain en Laye le troiſiéme iour d'Octobre mil
ſix cens ſoixante-ſept. Signé, DE GUENEGAUD.

Collationné à l'Original , par moy Conſeiller
Secretaire du Roy, & de ſes Finances.

ARREST DV CONSEIL D'ESTAT DV ROY,
SA MAJESTE' Y ESTANT,
Du treiziéme Octobre 1667.

PAR lequel Elle declare n'auoir entendu faire jouïr de la surséance accordée par l'Arrest du dixiéme May dernier, que ses Officiers de Caualerie & d'Infanterie, actuellement seruans dans ses Trouppes.

Extraict des Regiftres du Conseil d'Eftat.

SVR Ce qui a esté remontré au Roy estant en son Conseil ; Qu'aucuns Particuliers recherchez pour auoir vsurpé le Titre de Nobleffe, s'estans prévalus de l'Arrest dudit Conseil du dixiéme iour de May dernier, portant surséance de toutes pourfuittes en faueur de ceux qui seroient employez dans l'Armée de sa Majesté, auroient esté exprés en Flandre, pour prendre seulement des Certificats comme ils y ont esté, & s'en seroient incontinent aprés retournez dans leurs Maisons ou ailleurs, pour éluder l'effet des condemnations & des pourfuittes faites allencontre d'eux, sans auoir pris party dans les Trouppes, ny rendu aucuns seruices à sa Majesté. Et estant necessaire de faire cesser vn tel abus, en expliquant l'intention de sa Majesté sur ce sujet; Oüy le rapport du Sieur COLBERT, Conseiller au Conseil Royal, & Controlleur general des Finances : SA MAIESTE' ESTANT EN SON CONSEIL, A declaré & declare n'auoir entendu faire

K

jouïr du benefice de la furféance accordée par ledit Arreſt du Conſeil du dixiéme iour de May dernier, que les Officiers de Caualerie & d'Infanterie actuellement ſeruans dans ſes Troupes, ſuiuant les Certificats des Generaux d'Armée, ou du Secretaire d'Eſtat ayant le département de la Guerre : Leſquels Certificats contiendront les noms, ſurnoms, Seigneuries & demeures ordinaires deſdits Officiers qui les obtiendront, & de quelles Compagnies & Regimens ils feront ; Sans que leſdits Certificats puiſſent empeſcher que leurs Parens non employez dans leſdites Trouppes, ne ſoient pourſuiuis, en cas qu'ils ayent indeuëment vſurpé le Titre de Nobleſſe. ORDONNE ſa Majeſté, aux Sieurs Commiſſaires par elle deputez pour ladite Recherche, de tenir la main à l'obſeruation du preſent Arreſt. FAIT au Conſeil d'Eſtat du Roy, Sa Majeſté y eſtant, Tenu à Saint Germain en Laye le treiziéme iour d'Octobre mil ſix cens ſoixante-ſept. Signé, DE GUENEGAUD.

Collationné à l'Original, par moy Conſeiller
Secretaire du Roy, & de ſes Finances.

ARREST DV CONSEIL D'ESTAT DV ROY,
Sa Majesté y estant,

Du treiziéme Octobre 1667.

PAR lequel il est ordonné que les Bourgeois de Paris, qui ont pris les qualitez de Cheualier ou d'Escuyer, seront tenus de faire leurs declarations aux Greffes de la Commission, establis pour la Recherche des Vsurpateurs du Tiltre de Noblesse, &c.

Extraict des Regiſtres du Conseil d'Eſtat.

LE ROY ayant esté bien informé, Que la pluspart des Particuliers recherchez pour l'Vsurpation du Titre de Noblesse en la Generalité de Paris, en consequence de la Declaration du mois de Février 1661. s'excusent de representer leurs Titres en vertu desquels ils ont pris la qualité de Cheualier ou d'Escuyer, sous pretexte qu'ils se disent Bourgeois de Paris; ce qu'ils preuuent souuent par des Baux simulez de loyers d'vne Chambre en ladite Ville, & du payement des taxes des Pauures, Boües & Lanternes, quoy qu'ils faſſent leurs demeures continüelles & actuelles dans leurs Maisons de Campagne, ne venant à Paris qu'aux Festes solemnelles : Par le moyen duquel abus, le nombre des Vsurpateurs dudit Titre de Noblesse s'y multiplie de telle sorte, qu'enfin les Taillables se trouueront seuls chargez du faix des impositions, & les faux-bourgeois qui possedent la pl[u]spart des biens de la Campagne, exempts d'y contribuer, à l'oppreſſion des Pauures. A quoy ſa Majeſté voulant pouruoir, & faire ceſſer vn tel deſordre, qui s'augmenteroit facilement par le temps, d'autant que ladite Ville de Paris eſtant franche, ceux qui paroiſtroient à l'aduenir en auoir eſté Bourgeois, ne ſe trouuans pas compris dans aucuns Rolles des Tailles des lieux où ils exploitent leurs biens, ſe trouueroient inſenſiblement en poſſeſſion de la qualité d'Eſcuyer, quoy qu'indeuëment priſe & ſans fondement legitime. Ce qu'ayant eſté examiné par les Commiſſaires à ce deputez ; Oüy leur rapport : SA MAIESTE' ESTANT EN SON CONSEIL, A ordonné & ordonne, Que les Bourgeois de Paris qui ont pris cy-deuant les qualitez de Cheualier ou d'Eſcuyer, ſeront tenus dans trois mois du iour de la publication du preſent Arreſt, de faire leurs declarations aux Greffes de la Commiſſion de ladite Recherche, s'ils entendent maintenir leſdites Qualitez, ou y renoncer, pour en cas de renonciation, leur en eſtre donné Acte par leſdits Sieurs Commiſſaires, & renuoyez ſans amende : Et en cas qu'ils declarent vouloir ſouſtenir leſdites Qualitez, ſeront tenus dans ledit temps de trois mois, de repreſenter leurs Titres pardeuant leſdits Sieurs Commiſſaires, pour ſur iceux, aprés qu'ils auront eſté communiquez au Prépoſé à ladite Recherche, & au Procureur de la Majeſté de ladite Commiſſion, eſtre ſur le rapport deſdits Sieurs Commiſſaires audit Conſeil, jugé ſi leſdits Titres ſeront bons & valables, auquel cas ils ſeront maintenus dans leurs Nobleſſes, & inſcrits dans le Catalogue des Nobles de ce Royaume ; & au contraire, s'ils ſont jugez auoir pris indeuëment leſdites Qualitez, ſeront declarez Vſurpateurs du Titre de Nobleſſe, &

condamnez à l'amende à proportion de leurs biens & facultez. Et à faute par lefdits Bourgeois de Paris, qui ont pris lefdites qualitez de Cheualier & d'Efcuyer, de faire leurs declarations dans ledit temps de trois mois, feront pourfuiuis comme Vfurpateurs de Nobleffe, aux termes des Edicts & Arrefts, fans qu'ils puiffent plus eftre receus à fe défifter aprés ledit temps, qu'en payant l'amende de Trois cens liures. Et fera le prefent Arreft executé, leu, publié & affiché où befoin fera, à ce que perfonne n'en pretende caufe d'ignorance, nonobftant oppofitions, & autres empefchement quelconques; Dont fi aucunes interuiennent, fa Majefté s'en eft referuée la connoiffance en fondit Confeil, icelle interdite & deffenduë à toutes fes autres Cours & Iuges. FAIT au Confeil d'Eftat du Roy, Sa Majefté y eftant, Tenu à Saint Germain en Laye le treiziéme Octobre mil fix cens foixante-fept. Signé, DE GUENEGAUD.

Collationné à l'Original, par moy Confeiller Secretaire du Roy, & de fes Finances.

ARREST DV CONSEIL D'ESTAT,

Du dix-septiéme Nouembre 1667.

Qui ordonne que tous les Particuliers employez aux Rolles des Tailles comme Exempts, feront leurs declarations aux Greffes des Eſlections, s'ils entendent jouir de ladite Exemption en vertu des Charges & Offices qu'ils poſſedent, ou comme Nobles.

Extraict des Regiſtres du Conſeil d'Eſtat.

LE ROY eſtant informé que la plus-part des Particuliers qui ſont chargez de la Recherche des Vſurpateurs du Tiltre de Nobleſſe, par intelligence, negligence ou autrement, n'ont fait aſſigner pluſieurs perſonnes qui ont pris les qualitez de Cheualier & d'Eſcuyer, meſme ſupprimé les Extraicts des Actes qu'ils en auoient, & particulierement contre les Officiers des Iuſtices ordinaires, Eſlections, & autres priuilegez par leurs Charges, leſquelles par le moyen d'icelles, ſont compris au nombre des Exempts dans les Rolles des Tailles ; ce qui couure leur vſurpation, ayant tousjours pardeuers eux les Tiltres dont ils ont fait ſupprimer les Extraicts, en ſorte que dans la ſuitte cela cauſeroit vn meſme abus que par le paſſé. A quoy ſa Majeſté déſirant pouruoir, & neantmoins empeſcher que les Particuliers ne ſoient vexez par des Voyages qu'ils ſeroient obligez de faire à grands frais, pour reſ-

pondre aux Affignations qui leur pourroient eftre données pour raifon de ce ; Oüy le rapport du Sieur MARIN,
Confeiller du Roy en fes Confeils , & Intendant des
Finances : LE ROY EN SON CONSEIL, A
ordonné & ordonne, Que tous les Particuliers employez
aux Rolles des Tailles comme Exempts , lefquels n'ont
point efté affignez pour reprefenter leurs Tiltres , feront
tenus de faire leurs declarations aux Greffes des Eflections
dans vn mois , s'ils entendent joüir de ladite Exemption
en vertu des Charges qu'ils poffedent , ou comme Nobles , auquel dernier cas ils feront obligez de reprefenter
leurs Tiltres pardeuant les Sieurs Commiffaires deputez
par fa Majefté pour la Recherche des Vfurpateurs du
Tiltre de Nobleffe , pour eftre jugez en la maniere ac-
couftumée , conformément aux Declarations de fa Majefté , & Arrefts dudit Confeil : Et pour ceux qui n'auront joüy de ladite Exemption qu'en vertu de leurs
Charges & Offices , en faifant leur declaration au Greffe
des Eflections dont ils reffortiffent , comme ils ne pretendent à ladite qualité d'Efcuyer , il feront defchargez
des Affignations qui pourroient leur auoir efté données ;
pourueu toutefois qu'il ne foit juftifié par Actes authentiques , qu'ils ayent pris ladite qualité : Lefquels Actes
& declarations feront apportées aux Greffes defdits Sieurs
Commiffaires , pour y auoir recours quand befoin fera.
Et à faute par lefdits Exempts de faire leurs declarations
en la forme cy-deffus dans ledit temps , & iceluy paffé,
feront affignez fur les Extraicts defdits Rolles des Tailles,
fans qu'il foit befoin par les Prépofez aufdites Recherches , de produire les Extraicts d'Actes où lefdits Exempts

ayent pris lefdites qualitez de Cheualier ou d'Efcuyer.
ORDONNE fa Majefté , aufdits Sieurs Commiffaires,
de tenir la main à l'execution du prefent Arreft. FAIT
au Confeil d'Eftat du Roy, Tenu à Paris le dix-feptiéme
iour de Nouembre mil fix cens foixante-fept.

Signé , BECHAMEIL.

*Collationné à l'Original , par moy Confeiller
Secretaire du Roy, & de fes Finances.*

ARREST DV CONSEIL D'ESTAT,
Du douziéme Ianuier 1668.

Portant que les declarations qui doiuent eftre faites par les
Bourgeois de Paris, en conformité de l'Arreft du 13.
Octobre 1667. feront receües jufques au 7. Février
prochain ; A la charge par ceux qui les feront, de
declarer s'ils pretendent eftre Nobles de Race, ou à
caufe des Priuileges de Nobleffe qu'ils pourroient auoir
acquis, ou par Lettres, &c.

Extraict des Regiftres du Confeil d'Eftat.

VEV PAR LE ROY en fon Confeil, l'Arreft rendu
en iceluy le 13. Octobre dernier, par lequel il eft
ordonné que les Bourgeois de Paris, qui ont cy-deuant
pris les qualitez de Cheualier & d'Efcuyer, feront tenus
de faire leurs declarations dans trois mois, s'ils entendent
maintenir ladite Qualité. VEV auffi les Actes de publica-
tions faites d'iceluy en l'Audiance du Chaftelet de Paris, &
par les Carrefours ordinaires & extraordinaires de ladite
Ville, les 29. Octobre & 7. Nouembre enfuiuant. ET
voulant Sa Majefté faciliter & affeurer l'execution dudit
Arreft : LE ROY EN SON CONSEIL, A ordonné
& ordonne, Que les declarations qui doiuent eftre faites en
conformité dudit Arreft du 13. Octobre 1667. feront paffées
par les Bourgeois de ladite Ville de Paris ; Sçauoir, par ceux
qui font domiciliez dans les Quartiers d'icelle, fcis depuis
le commencement du Faux-bourg S. Iacques, jufques au
bout du Faux-bourg S. Martin, du cofté de l'Arfenal, Au
Greffe de Me François Rozée, Confeiller Secretaire de fa
Majefté, & Greffier des Commiffions extraordinaires, de-

L

meurant ruë de Paradis, seruant au Bureau estably dans la Maison du Sieur d'Aligre, Doyen du Conseil; Et les Habitans des autres Quartiers de ladite Ville de Paris, aussi depuis le commencement du Faux-bourg S. Iacques, jusques au bout du Faux-bourg S. Martin, du costé du Louvre, Au Greffe de Me Seraphin Testu, aussi Greffier des Commissions extraordinaires, demeurant ruë de Montmartre, prés S. Ioseph, seruant au Bureau estably dans la Maison du Sieur Pussort, Conseiller d'Estat ordinaire : Ausquels Greffes, lesdites declarations seront receües jusques au 7. Février de l'année presente 1668. A la charge par ceux qui les feront, de déclarer s'ils pretendent estre Nobles de Race, ou à cause des Priuileges de Noblesse qu'ils pourroient auoir acquis, où par Lettres; la qualité desdites Charges, & à quel temps, eux, leurs Peres ou Ayeuls, auront obtenu lesdites Lettres, ou possedé lesdites Charges : Et à faute de faire lesdites declarations dans ledit temps , & aux termes cy-dessus, & autres portez par l'Arrest du 13. Octobre dernier; Tous les Particuliers qui auront pris indeuëment ladite qualité de Cheualier ou d'Escuyer, seront declarez Vsurpateurs du Titre de Noblesse, & condamnez à l'amende suiuant leurs moyens & facultez, sans qu'ils soient receus à faire leur declaration aprés ledit iour 7. Février prochain , sinon en payant la somme de Trois cens liures, portée par ledit Arrest du 13. Octobre. ORDONNE Sa Majesté ausdits Sieurs Commissaires du Conseil, establis pour ladite Recherche, de tenir la main à l'execution du present Arrest. FAIT au Conseil d'Estat du Roy, Tenu à Paris le douziéme iour de Ianuier mil six cens soixante-huict. Signé, BECHAMEIL.

Collationné à l'Original, par moy Conseiller Secretaire du Roy, & de ses Finances.

ARREST DV CONSEIL D'ESTAT,
Du douziéme Ianuier 1668.

Qui enjoint aux Notaires du Chaftelet de Paris, de déliurer les Extraicts de tous les Actes où les Particuliers auront pris les qualitez de Cheualier, ou d'Efcuyer.

Extraict des Regiftres du Confeil d'Eftat.

SVR ce qui a efté reprefenté au Roy en fon Confeil, Que par Arreft rendu en iceluy le 13. Octobre dernier, les Bourgeois de la Ville de Paris, qui ont pris le Tiltre de Cheualier ou d'Efcuyer, font obligez dans trois mois du jour de la publication de l'Arreft, de faire leur declaration aux Greffes des Commiffaires du Confeil à ce deputez, s'ils entendent maintenir ladite Qualité, & juftifier les Tiltres, finon declarer qu'ils y renoncent pour l'aduenir ; Auquel cas, ils ne feroient fujets à aucune peine pour l'vfurpation par eux faite, ainfi qu'il eft plus au long expliqué par ledit Arreft publié à l'Audiance du Chaftelet, & aux Carrefours de ladite Ville, où il a efté affiché. Et d'autant que la preuue de ladite vfurpation ne peut eftre promptement ny facilement faite, que par les Extraicts des Actes paffez par les Particuliers pardeuant les Notaires dudit Chaftelet ; Pour recouurer lefquels, il eft neceffaire de regler la forme & les frais qu'il conuiendra faire pour cét effet : LE ROY EN SON CONSEIL, En confequence des Arrefts & Reglemens cy-deuant faits pour la recherche des Vfurpateurs du Tiltre de Nobleffe, A ordonné & ordonne, Que les Notaires du Chaftelet de Paris déliureront, à la premiere fommation qui leur fera faite, des Extraits qui feront compris dans vn Cahier, contenant tous les Actes dans lefquels les Parties contractantes auront pris la qualité de Cheualier ou d'Efcuyer, depuis le premier Ianuier 1640. Lefquels Extraicts contiendront la qualité de l'Acte, & si c'est Partage, Transaction, Vente, ou d'autre nature, le Nom, Surnom, Seigneurie, Qualité & demeure desdites Parties contractantes: Lesquels Extraits seront transcrits dans chaque page au nombre de quatre; pour laquelle page de chacun Cahier, sera payé cinq sols, auec deffenses ausdits Notaires, de prendre ny receuoir plus grande somme, à peine de concussion; Enjoint à eux de comprendre dans les Cahiers desdits Extraits, tous les Actes qui auront esté passez, tant par eux, que par ceux à la Pratique desquels ils auront succedé, depuis ladite année 1640. sans qu'ils puissent comprendre dans lesdits Extraits, plus d'vne fois vne mesme personne. Et en cas de refus par lesdits Notaires, de satisfaire au present Arrest, quinzaine aprés la signification d'iceluy aux Syndics de leur Communauté, ou à leur personne ou domicile: VEUT sa Majesté qu'ils soient chacun contraints comme pour ses deniers & affaires, en Cinq cens liures d'amende, en vertu du present Arrest, applicable moitié à sa Majesté, & l'autre à l'Hospital General de Paris, sans qu'ils en puissent estre deschargez, pour quelque cause & occasion que ce soit. Et pour éuiter les obmissions qui pouroient estre faites dans les Extraits, d'aucuns Vsurpateurs du Tiltre de Noblesse: VEUT & entend sa Majesté, Que lesdits Notaires soient contraints au payement de pareille amende de Cinq cens liures, pour chaque obmission d'Vsurpateur, qui ne se trouuera point compris dans lesdits Extraits, en rapportant les Actes & Contracts qui en auront esté par eux signez, ou par ceux dont ils auront la Pratique. ENJOINT sa Majesté, au Lieutenant Ciuil, & à son Procureur audit Chastelet, de tenir la main à l'executió du present Arrest. FAIT au Conseil d'Estat du Roy, tenu à Paris le 12. Ianuier 1668. Signé, BECHAMEIL.

ARREST DV CONSEIL D'ESTAT,

Du dix-neufiéme Januier 1668.

Qui commet les Sieurs de Courcelles, Confeiller & Secretaire du Roy, Rafle, Baftonneau & de Bourbonne,
Aduocats en Parlement, pour la pourfuite & Recherche
des Vfurpateurs du Tiltre de Nobleffe, en la Ville,
Faux-bourgs & Banlieuë de Paris.

Extraict des Regiftres du Confeil d'Eftat.

LE ROY Ayant jugé à propos, pour le bien de
fon feruice, & le foulagement de fes Peuples,
d'empefcher que plufieurs Bourgeois de la Ville
de Paris, n'vfurpent le Tiltre de Nobleffe ; Sa Majefté
auroit par Arrefts de fon Confeil, des vingt-deux Mars
1666. treize Octobre 1667. & douziéme du prefent mois,
entre autres chofes ordonné, que lefdits Particuliers Habitans de ladite Ville de Paris, qui auroient pris la qualité
de Cheualier ou d'Efcuyer, feroient tenus de declarer aux
Greffes de ladite Commiffion, s'ils pretendent eftre
Nobles de Race, ou par Priuileges acquis par Lettres de
Nobleffe, ou par Charges; Et à faute de faire leur declaration dans le temps porté par lefdits Arrefts, qu'ils feront
declarez Vfurpateurs du Tiltre de Nobleffe, & condamnez
en l'amende fuiuant leurs moyens & facultez, fans qu'ils
puiffent eftre receus à faire leurs declarations, aprés ledit
temps paffé, qu'en payant la fomme de Trois cens liures.

Et Voulant Sa Majefté qu'il foit inceffamment pourueu à l'execution defdits Arrefts, par perfonnes capables, & dont l'integrité foit connuë : SA MAIESTE' EN SON CONSEIL, A Ordonné & ordonne, Qu'à la requefte de fon Procureur General de la Commiffion eftablie à la fuitte du Confeil, pour la Recherche des Vfurpateurs du Tiltre de Nobleffe, pourfuite & diligence de Iean de Courcelles, Confeiller & Secretaire de fa Majefté; François Rafle, Robert Baftonneau, & Claude de Bourbonne, Aduocats en Parlement, que fadite Majefté a commis & commet à cét effet; Il fera inceffamment procedé à l'execution des Arrefts dudit Confeil, des vingt-deux Mars 1666. treize Octobre 1667. & douziéme du prefent mois de Ianuier, dans ladite Ville, Faux-bourgs & Banlieuë de Paris : A l'effet dequoy, lefdits Arrefts, & toutes autres procedures & expeditions neceffaires, feront remifes en leurs mains ; Faifant fadite Majefté deffenfes à toutes perfonnes, de les y troubler ny inquieter en leur Commiffion, pour quelque caufe & pretexte que ce foit. FAIT au Confeil d'Eftat du Roy, Tenu à Paris le dix-neufiéme Ianuier mil fix cens foixante-huict. Signé, BECHAMEIL.

Collationné à l'Original, par moy Confeiller Secretaire du Roy, & de fes Finances.

ARREST DV CONSEIL D'ESTAT,

Du vingt-septiéme Février 1668.

Qui ordonne que les Bourgeois de Paris, qui ont fait des declarations conditionnées, seront tenus d'en faire de nouuelles aux Greffes de la Commission de ladite Recherche, s'ils entendent souftenir les Qualitez de Cheualier ou d'Escuyer par eux prises, ou y renoncer.

Extraict des Regiftres du Conseil d'Eftat.

SVR ce qui a esté representé au Roy en son Conseil, Qu'en consequence des Arrefts rendus en iceluy, les treize Octobre & douziéme Ianuier dernier, Regiftrez au Chaftelet, publiez & affichez és lieux accouftumez; Aucuns Bourgeois de Paris, qui ont pris indeuëment les qualitez de Cheualier ou d'Escuyer, ont fait leurs declarations aux Greffes de la Commission generale eftablie par sa Majefté, pour la Recherche des Vfurpateurs du Titre de Noblesse; mais auec des conditions qui rendroient lefdites declarations illusoires, s'il n'y eftoit pourueu. Et d'autant qu'ils doiuent contenir nettement, s'ils entendent souftenir lefdites Qualitez, ou y renoncer; A quoy eftant necessaire de pourvoir : V E V lefdits Arrefts, & declarations; Oüy le Rapport des Sieurs Commissaires à ce députez : SA MAIESTE' EN SON CONSEIL, A ordonné & ordonne, Que quinzaine aprés la publication & affiche du prefent Arreft, ceux defdits Bourgeois de Paris qui ont fait des declarations conditionnées, feront tenus d'en faire de nouuelles aux Greffes de ladite Commiffion de la Recherche des Vfurpateurs du Titre de Nobleffe, s'ils entendent fouftenir ou non, les qualitez de Cheualier ou d'Efcuyer par eux prifes : Et à faute de ce, ledit temps paffé ; ORDONNE Sa Majefté, fans auoir égard aufdites declarations conditionnées, qu'il fera paffé outre à l'execution defdits Arrefts, des treize Octobre & douziéme Ianuier dernier. ORDONNE Sa Majefté aufdits Sieurs Commiffaires eftablis pour ladite Recherche, de tenir la main à l'execution dudit prefent Arreft, nonobftant oppofitions & autres empefchemens quelconques, dont fa Majefté fe referue la connoiffance en fondit Confeil, & icelle interdite à tous autres Iuges. FAIT au Confeil d'Eftat du Roy, tenu à Saint Germain en Laye, le vingt-feptiéme Février mil fix cens foixante-huict. Signé, BECHAMEIL.

Collationné à l'Original, par moy Confeiller Secretaire du Roy, & de fes Finances.

www.ingramcontent.com/pod-product-compliance
Lightning Source LLC
LaVergne TN
LVHW020657200726
843508LV00002B/809